POUR UNE HISTOIRE
DU LIVRE MANUSCRIT
AU MOYEN ÂGE

TROIS ESSAIS
DE CODICOLOGIE QUANTITATIVE

SUPPLÉMENT

CENTRE RÉGIONAL DE PUBLICATION DE PARIS

Carla BOZZOLO et Ezio ORNATO

POUR UNE HISTOIRE DU LIVRE MANUSCRIT AU MOYEN ÂGE

TROIS ESSAIS DE CODICOLOGIE QUANTITATIVE :

I
LA PRODUCTION DU LIVRE MANUSCRIT
EN FRANCE DU NORD

II
LA CONSTITUTION DES CAHIERS
DANS LES MANUSCRITS EN PAPIER D'ORIGINE FRANCAISE
ET LE PROBLEME DE L'IMPOSITION

III
LES DIMENSIONS DES FEUILLETS
DANS LES MANUSCRITS FRANCAIS DU MOYEN AGE

SUPPLÉMENT

ÉDITIONS DU
CENTRE NATIONAL DE LA RECHERCHE SCIENTIFIQUE
15, quai Anatole-France, 75700 Paris
1983

Equipe de Recherche sur l'humanisme français
des XIVe et XVe siècles
Textes et Etudes. 2

**Ouvrage réalisé par le Centre Régional
de Publication de Paris**

© Centre National de la Recherche Scientifique
Paris, 1983

ISBN−2-222-03262-8

SUPPLÉMENT

Lorsque nous avions remis à l'éditeur ces Trois essais, *nous n'entretenions guère d'illusions — connaissant le marché restreint du livre d'érudition — sur leurs chances de succès commercial. C'est pourquoi nous avons été agréablement surpris d'apprendre que les 700 exemplaires de l'ouvrage avaient été écoulés en moins d'un an, alors que (ou peut-être parce que...) aucun compte rendu n'avait encore paru.*

Pendant ce laps de temps, nous avions approfondi quelques aspects des enquêtes présentées dans le volume. Par ailleurs, une série de séminaires tenus à Rome au printemps 1981 nous avait permis de clarifier certains points de notre réflexion, notamment sur le plan méthodologique. Mais surtout, nous avions bénéficié de nombreuses suggestions émanant de collègues qui, approuvant notre démarche, souhaitaient nous apporter le fruit de leur expérience et répondre à un certain nombre de questions que, délibérément ou non, nous avions laissées en suspens.

Ainsi, avons-nous eu l'occasion de nous intéresser de plus près à un domaine voisin — celui du livre imprimé ancien — et de saisir sur le vif ce que son étude peut apporter à la connaissance de son homologue manuscrit : on ne saurait mener à bien des recherches sur la production du livre médiéval en Europe occidentale, ni sur l'épineuse question de la représentativité de ce qu'il en reste, en faisant abstraction du phénomène « imprimerie ». De même, nous avons mieux compris la nécessité de dialoguer avec des spécialistes du haut Moyen-Age et d'aires culturelles extérieures à la France.

De cette manière, nous nous sommes enrichis d'un ensemble d'éléments qui, sans s'insérer dans le cadre de nouvelles recherches d'envergure, prolongent, éclairent — et parfois modifient — les conclusions antérieures. Aussi, avons-nous obtenu des Éditions du C.N.R.S. que dans une nouvelle édition ces éléments viennent se juxtaposer en fin de volume au texte précédent qui, lui, ne pouvait être remanié. Par la même occasion, nous avons établi une liste et un index analytique des tableaux et des graphiques afin d'en faciliter la consultation. Les ouvrages cités dans les notes supplémentaires ont été adjoints à la liste établie auparavant. Quant à la liste des manuscrits cités, elle a été mise à jour et pourvue de références au texte.

Par ces pages supplémentaires, nous voulons également témoigner de notre confiance dans l'avenir de ce type de recherche. En effet, les échanges d'expériences dont nous avons fait état ont été la source de discussions parfois passionnées, mais toujours stimulantes et fructueuses, qui ont assez rapidement abouti à la définition de quelques axes prioritaires de recherche et à un début de collaboration auquel manque encore — mais, nous l'espérons, plus pour longtemps — un cadre institutionnel ad hoc.

Nous n'ignorons pas, cependant, ce que notre démarche peut avoir de déroutant pour certains : le domaine du manuscrit est, aujourd'hui encore, le lieu d'expression privilégié de conceptions qui depuis bien des années ont cessé d'être dominantes dans d'autres disciplines des Sciences humaines. Certes, lorsqu'on examine des manuscrits, il est particulièrement difficile de faire abstraction du fait qu'il s'agit de produits de l'activité humaine nécessairement — et volontairement — diversifiés. Aussi, accepte-t-on mal que cette diversité puisse être oubliée — ne serait-ce que provisoirement — au profit de regroupements en populations qui ne tiennent aucun compte du poids spécifique de chaque individu sur le plan artistique ou textuel ; ou que l'on s'efforce de représenter sous forme numérique — et donc réductrice — des caractéristiques que l'on considère, par définition, comme non quantifiables. On évoquera donc l'inutilité de traiter statistiquement des populations irrémédiablement biaisées, de toute manière, par les destructions intervenues au cours des siècles ; comme si le livre médiéval ne constituait pas, précisément, l'objet manufacturé dont il reste le plus grand nombre de survivants. Ou alors, on déniera toute efficacité à l'analyse statistique d'une grande masse de matériel, au regard des résultats acquis grâce à l'usage intelligent de l'œil humain ; comme si l'approche statistique était aveugle et ne requérait pas, pour déjouer ses pièges subtils, une fréquentation directe et assidue des fonds manuscrits, et comme si les dons d'intuition et de mémoire qui permettent de comparer un grand nombre de manuscrits pris individuellement pouvaient autoriser la codicologie à faire encore longtemps l'économie de méthodes et techniques transmissibles.

Ce n'est pas rendre service à l'étude du livre médiéval, croyons-nous, que de l'enfermer dans ce type d'alternative. En réalité, les deux démarches ne sauraient être concurrentes : leurs points d'application sont différents, et loin de se gêner, elles pourraient, au contraire, s'éclairer mutuellement. A condition, cependant, que l'histoire du manuscrit obtienne le statut de discipline autonome — ce qui ne signifie pas isolée — et que l'on aborde enfin toute une problématique jusqu'à présent négligée faute d'une méthodologie adéquate et — disons-le — d'une conscience suffisante de son intérêt.

Paris, avril 1982

NOTES SUPPLÉMENTAIRES

PROD

1. p. 15–16 « L'enquête sur les dimensions... un certain nombre de datations erronées. »

Le recours presque exclusif à une documentation préexistante plutôt qu'à l'examen direct de manuscrits a suscité dans la communauté scientifique certaines réserves qui ne nous semblent pas justifiées : d'une part, les défauts qualitatifs de cette documentation — tout regrettables qu'ils soient — n'ont pas dans une enquête de type statistique la portée qu'ils auraient dans une étude particulière ; de l'autre, nous sommes loin d'avoir sous-estimé l'importance des risques encourus.

Il est clair, tout d'abord, que la question de la validité de la documentation ne doit pas être traitée dans l'absolu, mais par rapport aux buts poursuivis. Dans notre cas, il s'agissait soit d'évaluer les tendances de la production manuscrite au fil des siècles, soit d'observer le comportement de certaines variables — notamment les dimensions des feuillets — en fonction de telle ou telle caractéristique des populations étudiées.

A l'intérieur de ce cadre, les risques sont différents selon qu'il s'agit d'éléments observés (dimensions des feuillets, nombre de lignes etc.) ou d'évaluations subjectives, à savoir la date et l'origine.

Dans le premier cas, le risque d'erreur, au sens statistique du terme, est pratiquement nul. Le seul élément pouvant *a priori* faire l'objet d'un biais important était la proportion des feuillets — d'autant qu'elle est aussi modifiée par le rognage ; mais elle a, de ce fait, donné lieu à une analyse minutieuse, vérifiée au besoin par l'examen direct d'un certain nombre de manuscrits (cf. p. 236 sq.).

Par ailleurs, des erreurs de localisation ont pu intervenir, dans l'enquête sur la proportion des feuillets, lorsque nous avons poussé l'analyse au niveau des diocèses et des *scriptoria*. En ce qui concerne les diocèses, et dans la mesure où nous nous limitions au XIIe siècle, le critère d'attribution était constitué, lorsque l'origine n'était pas connue, par la provenance des volumes. En effet, des statistiques publiées sur cette question prouvent que la plupart des manuscrits localisables se trouvent, aujourd'hui encore, dans leur région d'origine (cf. p. 230, n. 22). Ce critère n'étant plus valable au niveau, plus fin, des *scriptoria*, nous n'avons alors retenu que les manuscrits dont l'origine était soit attestée, soit identifiée par des monographies récentes, en écartant les volumes – finalement peu nombreux – qui faisaient l'objet de localisations contradictoires. De toute manière, les effets des fausses attributions ont peu d'influence sur les résultats d'une recherche de ce type, car elles sont le plus souvent la conséquence de similarités au niveau du *facies* de la page et des techniques de fabrication.

Quant aux erreurs de datation, leur impact est différent selon que l'enquête porte sur la production de manuscrits ou sur des caractéristiques matérielles.

Soulignons, tout d'abord, que l'estimation du niveau de la production au fil des siècles n'est pas affectée par des anti-ou post-datations, même extrêmement nombreuses, mais uniquement par le déséquilibre éventuel entre les deux phénomènes.

Lorsque l'aspect général des manuscrits ne varie pas d'un siècle à l'autre, il est normal que les volumes proches de la frontière séculaire fassent l'objet d'hésitations aboutissant bien souvent à une datation erronée. Cependant, il est tout aussi normal que les erreurs tendent à se compenser, dans la mesure surtout où les descriptions sont l'œuvre de rédacteurs indépendants. Le vrai problème est constitué, en réalité, par le fait qu'une mutation stylistique, d'abord située à l'intérieur d'un siècle donné, peut ensuite être avancée ou reculée par les études ultérieures. C'est essentiellement pour cette raison que nous nous gardons de présenter notre estimation comme ayant un caractère définitif. Cela dit, il faut rappeler que seuls certains siècles sont concernés par ce type de révision critique.

Enfin, lorsqu'on observe diachroniquement le comportement d'une caractéristique matérielle quelconque, les erreurs de datation entraîneront une osmose entre les classes chronologiquement contiguës ; ce phénomène, susceptible d'atténuer l'ampleur des variations observées, ne saurait en aucun cas en inverser l'orientation. A la limite, un taux d'erreur trop important interdira toute conclusion, sans pour autant introduire le risque de faire apparaître des phénomènes inexistants.

2. p. 19, note 6.

Les références bibliographiques que nous avons fournies au sujet des aspects économiques de la production et de la circulation du livre, ne se veulent pas exhaustives. Nous nous devons, toutefois, de rappeler aussi le chapitre consacré par J. H. Putnam au commerce du manuscrit (*Books and their Makers during the Middle Ages*, 2 vol., 1896–1897, réimpr. New-York, 1962, I, p. 225–313), ainsi que les quelques pages de G. Voigt sur le prix des manuscrits à l'époque humaniste (*Il Risorgimento dell'Antichità classica ovvero il primo secolo dell'Umanismo*, trad. italienne, 3 vol., Firenze, 1888–1897, I, p. 399–401). Bien entendu, il n'est pas question de signaler ici tous les ouvrages où il est fait sporadiquement mention de prix payés pour l'exécution ou l'achat de manuscrits.

3. p. 27 « Les caractéristiques quantitatives... n'était pas de mise. »

La prépondérance que nous accordons aux caractéristiques quantitatives en tant que facteur de dispersion des prix à l'intérieur d'une même bibliothèque doit être fortement nuancée.

Il est logique déjà qu'elle soit remise en question dans le cas de bibliothèques de collectivités constituées par l'accumulation de legs successifs, les écarts qualitatifs étant alors amplifiés par le statut social et les intérêts culturels des différents légataires. Mais même dans le cas de bibliothèque privée, il faudrait, pour confirmer la prédominance du facteur quantitatif, mettre en œuvre une procédure d'expérimentation assez complexe, impliquant :

- Le choix et la description d'un corpus de manuscrits ayant tous appartenu en époque médiévale à une même bibliothèque privée qui aurait fait l'objet d'une prisée. L'effectif de ce corpus devrait être assez important en vue de l'application de tests d'inférence statistique.

- L'élaboration, tests à l'appui, de coefficients numériques susceptibles de représenter le poids global des caractéristiques, qualitatives (support, écriture, décoration...) d'une part, et quantitatives (dimensions et nombre de feuillets) d'autre part ; puis le calcul de ces deux coefficients pour chacun des volumes du corpus.

La procédure consisterait alors à calculer la corrélation entre le prix des volumes et chacun de ces coefficients. Le facteur prédominant serait celui dont la corrélation avec les prix serait la plus étroite.

Notons cependant que les coefficients ainsi définis ne pourraient prendre en compte certains éléments bien souvent disparus dont l'impact sur la prisée n'était sans doute pas négligeable, en particulier la reliure.

4. p. 28–29 « Que représentaient... chez Nicolas de Baye. »

D'autres comparaisons peuvent être effectuées avec le prix de l'or et celui de biens immeubles.

Entre 1390 et 1410, un kilo d'or coûtait en moyenne en France 280 £ tournois, c'est-à-dire un peu plus de 230 £ parisis (J. Favier, *Finances et fiscalité au bas Moyen Age,* p. 61). Avec cette somme on aurait pu acquérir environ 56 « volumes moyens ».

Quant aux biens immeubles, il est beaucoup plus difficile de fournir un chiffre moyen. A titre d'exemple, un secrétaire de la chancellerie royale avait payé 260 £ tournois en 1392 un hôtel particulier qui vraisemblablement n'était ni un palais ni un taudis (G. d'Avenel, *Histoire économique de la propriété, des salaires et tous les prix en général depuis l'an 1200 jusqu'en l'an 1800,* II, p. 4). On vendait bien sûr des maisons à 40 ou 50 £ tournois, mais il faut rappeler que l'Hôtel de Giac, acheté par Louis d'Orléans en 1397, valait 8 000 £ tournois (*ibid.*).

Le rapport entre le prix d'une maison et celui d'un manuscrit pouvait donc descendre, mais sans doute bien rarement, jusqu'à l'unité. Bien entendu la situation est très différente aujourd'hui. En revanche, le rapport or/manuscrit a beaucoup moins évolué qu'on ne pourrait le croire : si l'on prend comme référence le livre d'érudition contemporain, dont le prix moyen, sans doute sous-estimé, est d'environ 200 F., on constate qu'avec un kilo d'or (prix de mars 1982) il ne serait pas possible d'acheter plus de 360 volumes. Avouons que, avec la révolution de Gutenberg et le développement continuel des techniques de composition et d'impression, cela a de quoi surprendre.

5. p. 30 et note 29 (cf. p. 41, note 53).

L'évaluation de l'incidence de la décoration sur le prix des manuscrits n'est possible que si l'on définit un protocole d'enquête portant sur un vaste corpus de manuscrits provenant d'une même bibliothèque médiévale ayant fait l'objet d'une prisée. L'application de ce protocole impose de tenir compte de plusieurs aspects de l'élément décoration, ce qui, étant donné les carences de la documentation actuellement disponible, implique l'examen direct d'un grand nombre de manuscrits.

Du point de vue méthodologique, la difficulté consiste à remplacer le comptage exhaustif et la mesure de tous les éléments décoratifs présents dans un manuscrit par une approximation satisfaisante, c'est-à-dire à obtenir une évaluation univoque de leur richesse quantitative et à représenter l'ensemble des données observées par un coefficient numérique compréhensif de tous les aspects. Celui-ci pourrait être établi à partir des éléments suivants : degré de raffinement des techniques (trait, coloriage, peinture) ; richesse des matériaux utilisés (or à la feuille) ; présence et dimensions d'éléments décoratifs élaborés (bordure, lettre historiée, peinture) ; fréquence d'apparition des éléments décoratifs en général, évaluée à travers leur présence dans les partitions hiérarchiques du texte (tête d'ouvrage, de chapitre, etc.).

De toute manière, il est impossible d'aboutir à une évaluation optimale sans un travail d'expérimentation préalable.

La quantification des éléments décoratifs en tant qu'indicateurs de la richesse d'exécution fait actuellement l'objet d'une réflexion, menée conjointement avec Dominique Coq, du service du Livre ancien de la Bibliothèque Nationale, J.P. Gumbert, professeur de paléographie à l'Université de Leyde, et Denis Muzerelle, de la section de Paléographie de l'Institut de Recherche et d'Histoire des Textes, dans le cadre d'un projet consacré à « la page écrite dans le livre médiéval ». Il s'agit d'établir et mesurer par ce moyen une éventuelle corrélation entre la richesse d'exécution et certains éléments de la mise en page (dimensions des marges, disposition du texte, nombre de lignes etc.).

Dans la mesure où la notion de « livre médiéval » englobe aussi les ouvrages imprimés, le même problème se pose pour les incunables, mais d'une manière encore plus complexe. En effet, une évaluation de la richesse devrait nécessairement distinguer l'apport de l'éditeur, commun à tous les exemplaires, et l'apport du possesseur qui, lui, varie d'un exemplaire à l'autre. Quant à ce dernier, il serait intéressant d'en pouvoir donner une estimation statistique sans qu'il soit nécessaire d'examiner tous les exemplaires recensés. Peut-être pourrait-on comparer la richesse « potentielle » de deux éditions différentes à travers les dimensions et la fréquence des emplacements réservés à la décoration. Une telle évaluation pourrait être utile non seulement dans l'analyse de la page écrite, mais également dans une enquête éventuelle sur les facteurs ayant pu influer sur le taux de survie.

6. p. 34, note 38 «Ces deux formats... *minoris forme* ».

Il suffit d'ailleurs de parcourir les répertoires de filigranes pour constater la présence de feuilles de grand format à partir du milieu du XIVe siècle.

7. p. 35–36 « TABLEAU C et C' ».

Des données sur le coût du papier à Francfort entre 1401 et 1536 sont fournies par R. Hirsch (*Printing, Selling and Reading, 1450–1550*, Wiesbaden, 1967, p. 34–36) d'après l'ouvrage de M. J. Elsas, *Umriss einer Geschichte der Preise und Löhne in Deutschland*, Leiden, 1940, t. II et III. Elles font apparaître une baisse d'environ 45 % entre 1425 et 1511 (peut-être sous-estimée puisqu'il n'est pas précisé si les prix sont déflatés). Pour la même période, en France, nos calculs aboutissent à une baisse, en valeur corrigée, d'environ 36 %.

8. p. 35 « En réalité... du papier tout court. »

L'hypothèse concernant la première baisse du prix du papier nous paraît maintenant peu vraisemblable car, dans le répertoire de Briquet, les grandes formes sont, même à cette époque, minoritaires. Il est vrai que ce répertoire, établi surtout à partir de documents d'archives, ne peut être représentatif de l'ensemble de la production ; on peut néanmoins supposer que dans cette première période les chancelleries et les tribunaux étaient parmi les plus importants consommateurs de papier.

Il reste ainsi en concurrence au moins deux hypothèses que nous n'avions pas envisagées : l'écart serait imputable à un biais de notre échantillon (de six observations) où les mentions se rapportant au grand format seraient par hasard plus nombreuses ; ou alors, il se pourrait que jusqu'en 1380 la production française de papier n'ait pas été en mesure de couvrir les besoins nationaux. Cette deuxième hypothèse pourrait éventuellement être vérifiée par une analyse portant sur l'origine des feuilles qui circulaient en France avant la période en question.

9. p. 36 « Nous pouvons exclure... au cours de cette période. »

Lorsque nous affirmons qu'il n'y a pas eu de diminution de format après 1460, nous nous référons à l'éventualité d'une réduction très importante. En réalité, on observe un processus de rapetissement graduel jusqu'à la fin du XVe siècle, que nous avons mis en lumière dans l'étude sur les dimensions des feuillets (cf. p. 275–277).

10. p. 40 « Une forte augmentation de l'unité de réglure... d'application plus soutenu ».

Cette affirmation nous semble quelque peu hâtive. En théorie, il serait possible de la vérifier ou de l'infirmer en observant l'existence éventuelle *à l'intérieur du même type d'écriture* d'une corrélation positive entre le module et le prix payé au copiste. Cependant, cela nous semble impossible dans la pratique, étant donné le nombre insuffisant de mentions de salaire actuellement connues.

11. p. 42, note 54.

Cet échantillon de manuscrits datés contient sans doute davantage de volumes du XVe siècle que des siècles antérieurs, le taux de datation ayant augmenté dans le temps. L'écart est cependant atténué du fait de l'introduction des manuscrits datables, assez nombreux au XIIIe et XIVe siècles dans le fonds de la Sorbonne.

12. p. 46—47 « Nous avons donc élargi... à un feuillet par jour. »

Compte tenu de la distribution spatio-temporelle des manuscrits datés, cet échantillon, tiré des *Colophons de manuscrits occidentaux*, privilégie les manuscrits du XVe siècle et, parmi eux, ceux d'origine germanique. Or, non seulement les manuscrits germaniques sont plus fréquemment datés, mais ils présentent aussi une plus grande fréquence de datation à l'intérieur d'un même volume. Ce type de manuscrit n'étant pas en général d'un niveau très soigné, il se peut que les résultats de notre test soient légèrement surestimés.

13. p. 47—48, et note 68 « Au collège de Dormans-Beauvais... valeur supérieure à la moyenne. »

Ne pouvant pas calculer le nombre moyen de lignes à la page dans l'échantillon tiré des *Colophons*, nous avons rapporté ce paramètre du manuscrit du collège de Dormans à l'échantillon tiré du catalogue des manuscrits datés pour la France. La valeur de cette comparaison n'est pas pour autant infirmée : il est vraisemblable que le nombre de lignes dans l'échantillon des *Colophons*, où prédominent les volumes en papier, soit bien inférieur à 50, car les in-folio en papier sont eux-mêmes plus petits que les in-4° en parchemin (cf. p. 36).

14. p. 49 « R. Doucet fournit... la vérité profonde de la première. »

Les données que nous avons fournies au sujet du prix des imprimés sont d'autant plus favorables à ces derniers qu'elles concernent le premier quart du XVIe siècle. R. Hirsch (*Printing, Selling and Reading*, p. 69 sq.) a fait le point des connaissances actuelles au sujet des prix des impressions anciennes. Il semble que dès 1470, le livre imprimé coûtait en moyenne entre 50 % et 80 % moins cher que son homologue manuscrit. Cet avantage s'accroît par la suite, dans la mesure où l'on assiste à une diminution des prix. Ainsi, d'après le *Liber benefactorum* de la Chartreuse de Bâle, le pouvoir d'achat de 2 florins couvrait, en 1479, 539 feuillets du format in-folio ordinaire, et 862 en 1492. Néanmoins, à toute époque et en tout lieu, la variabilité des prix est très importante, sans qu'il soit toujours possible d'en connaître les raisons.

15. p. 49 « III. FACTEURS AGISSANT DIRECTEMENT SUR LA PRODUCTION DU LIVRE MANUSCRIT »

Nos réflexions autour des facteurs agissant sur la production du livre ont été entièrement réélaborées en vue d'un séminaire tenu à la Scuola Vaticana di Paleografia au printemps 1981.

Dans cette deuxième version, nous avons repris les idées exprimées dans ce chapitre, en les illustrant, toutefois, par des exemples et considérations déjà présentés dans d'autres pages de ce même essai, mais sous un angle différent. La nouvelle articulation de l'exposé nous paraît justifier d'en reproduire ici les grandes lignes.

Le discours sur les aspects économiques de la production et du commerce du livre ne peut être limité au coût de fabrication et au prix du manuscrit sur le marché. Ces éléments sont certes importants, mais ils doivent être insérés dans un système de facteurs interactifs qui influent sur la production et, par là, sur la masse des livres disponibles à un moment donné.

Par ailleurs, le poids des facteurs économiques peut s'exercer à longue échéance, dans le cadre des structures démographiques et sociales du Moyen Age, mais également à court terme suivant les variations épisodiques d'autres facteurs.

En dehors du coût de fabrication, dont il a été longuement question, ce système interactif englobe une dizaine de facteurs. Parmi les plus importants, il faut citer le niveau démographique ; le nombre de possesseurs de manuscrits ; la productivité du travail et des techniques ; la nature du livre en tant que bien matériel ; son rang dans la hiérarchie des besoins ; enfin, la rationalisation de l'accès à la culture. Les trois derniers nécessitent quelques explications.

Le livre médiéval n'était pas un bien de consommation, mais un investissement dont devaient bénéficier plusieurs générations. Cela semble aller de soi, dans la mesure où la plupart des inventaires des bibliothèques privées ont été rédigés dans le cadre d'une succession. Cependant, la présence d'un livre dans un inventaire quelconque ne garantit pas la persistance de sa valeur d'usage. La présence sur les feuillets de garde d'ex-libris s'étalant sur plusieurs siècles constitue, elle, un indice plus probant, encore que la possession d'un livre n'implique pas nécessairement son utilisation effective. En réalité, en dehors de la sphère artistique, la valeur d'échange d'un livre reflète bien sa valeur d'usage, du moins à une époque comme le Moyen Age, où le concept d'objet archéologique n'avait pas cours. Ce sont donc les mentions de transactions commerciales qui permettent le mieux de saisir la pérennité d'usage d'un livre au cours des siècles. Or, une enquête portant sur des transactions datant du XVe siècle montre que la moitié d'entre elles concernent des manuscrits du XIIIe siècle et 8 % se rapportent même à des manuscrits plus anciens (cf. p. 115.–116). Si le pourcentage de ces derniers n'est pas plus important, c'est moins à cause de la désaffection des lecteurs que de la difficulté de les soustraire aux bibliothèques monastiques.

En ce qui concerne le second facteur – le rang du livre dans la hiérarchie des besoins – il faut considérer que, hier comme aujourd'hui, le livre remplissait une double fonction : celle de bien utilitaire et celle de bien culturel à proprement parler. Quelle était la limite de saturation de la demande individuelle du livre en tant que bien utilitaire ? Une limite élevée impliquerait que le possesseur, pour des raisons d'ordre économique, se trouvait souvent dans l'impossibilité de satisfaire entièrement ses besoins. Dans ce cas, l'on devrait observer une corrélation marquée entre le nombre de volumes contenus dans une bibliothèque et le revenu de son propriétaire, évalué de manière approximative à partir de son rang social. Or, comme nous l'avons vu (cf. p. 28–29), cette corrélation n'existe pas. Ceux qui avaient davantage d'argent n'achetaient pas *plus* de manuscrits, mais simplement des manuscrits *plus riches*.

Cette limite était en réalité assez basse, comme le montre l'étude de F. Autrand sur les bibliothèques des membres du Parlement de Paris (cf. p. 51). Bien que leur revenu moyen fût plutôt élevé, les trois quarts de ces personnages possédaient moins de dix volumes. Il est donc évident que la plupart de ceux qui avaient accès à la lecture se contentaient des livres nécessaires à leur activité professionnelle et à la piété religieuse. Peu de personnes, en fait, allaient au delà de ces exigences immédiates ; on court le risque d'en surestimer le nombre, car seules les bibliothèques qualitativement ou quantitativement intéressantes ont fait l'objet de monographies érudites, et l'on tend à oublier les autres.

Le troisième facteur, la rationalisation de l'accès à la culture, peut être défini comme le fait de mettre les manuscrits acquis individuellement à la disposition de communautés créées à des fins culturelles grâce à un système de fondations et de legs. Ce phénomène est très important en France au cours du XIVe siècle où ont été fondés dans la capitale 67 collèges universitaires, la plupart datant de la première moitié du siècle. Même s'il nous en reste peu d'inventaires, et encore moins de manuscrits, il est évident que toutes ces institutions étaient pourvues d'une bibliothèque parfois importante. On aurait tort, cependant, d'assimiler la création de collèges et de leurs bibliothèques à un phénomène apparemment analogue : la fondation de monastères bénédictins ou cisterciens au début du XIIe siècle. Alors que ce dernier a comme caractéristique un essaimage à partir d'unités préexistantes, impliquant la nécessité de créer à nouveau tous les moyens de fonctionnement d'une communauté — y compris la bibliothèque —, dans le cas des collèges il s'agit d'une concentration au sein de la nouvelle communauté de livres déjà en circulation. En effet, seule une toute petite partie des manuscrits était fabriquée tout exprès à l'intention des collèges (cf. p. 91–92).

Pour faciliter la compréhension de la manière dont s'articulent les facteurs de régulation du niveau de la production de livres et de la quantité des volumes disponibles, il nous a paru opportun d'en fournir un schéma descriptif.

Celui-ci est nécessairement incomplet, l'enchaînement des facteurs ne pouvant être poursuivi à l'infini : ainsi, les éléments situés « à la périphérie » — mutations des besoins culturels, situation démographique, productivité, robustesse du volume, rang social du commanditaire — dépendent à leur tour d'autres facteurs extérieurs au schéma, dont la nature, suivant les cas, est d'ordre physiologique, technique ou socio-économique.

Il faut préciser, par ailleurs, que le schéma n'est valable qu'à longue échéance et ne peut rendre compte des fluctuations à court et à moyen terme. Il explicite simplement les mécanismes qui régulent les tendances fondamentales de la production. En ce sens, il est valable, croyons-nous, pour tous les pays de l'Europe occidentale au cours du Moyen Age. Ce qui varie suivant les lieux et les époques, ce n'est pas le système ainsi établi, mais la valeur des « entrées » et des « sorties ». Néanmoins, notre analyse se rapportera uniquement à la production française du XIIIe au XVe siècle.

Il est clair que le poids des différents facteurs sur le niveau de la production est variable. Cependant, avant d'établir une pondération, il est utile d'expliciter l'un après l'autres les chemins principaux du schéma.

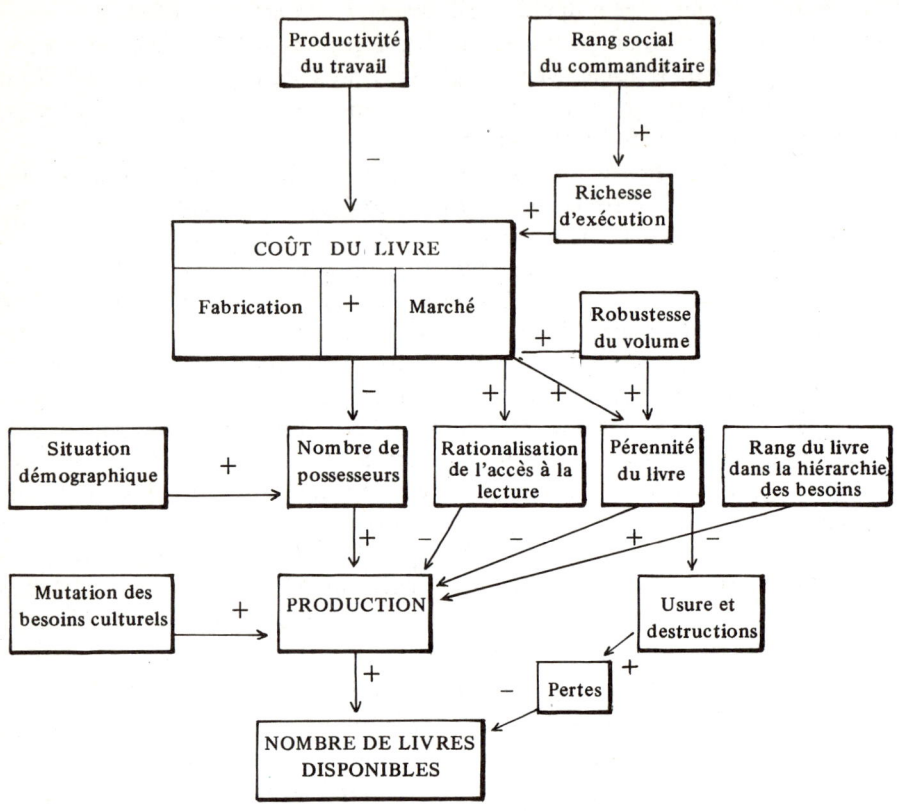

SCHÉMA DE RÉGULATION DE LA PRODUCTION DU LIVRE MÉDIÉVAL

Le signe + désigne une *corrélation positive.*
Le signe − désigne une *corrélation négative.*

Tout d'abord, il est indéniable qu'une « mutation des contenus culturels » entraîne directement une hausse de la production. D'une part, en effet, les livres à la disposition des lecteurs ne correspondent plus à leurs besoins ; de l'autre, de nouveaux ferments accélèrent le processus de création d'ouvrages, dont le public potentiel peut être fort nombreux. Cette demande supplémentaire entraîne à son tour une accélération du processus de copie.

Un phénomène de ce type se produit en France au début du XIIIe siècle avec la naissance et le développement de l'Université de Paris. Les textes patristiques répandus dans le circuit monastique, sans être ignorés et encore moins reniés, doivent maintenant passer à travers le filtre de la spéculation théologique. Pour faire face à la nécessité de diffuser les nouveaux outils culturels, il a fallu mettre sur pied un système *ad hoc* — la *pecia* — qui, sans améliorer la productivité du travail de copie, permettait, malgré tout, de minimiser le temps de fabrication d'un ensemble de copies issues du même modèle.

Le chemin « situation démographique-nombre de possesseurs » doit être interprété comme un plafond, en ce sens que même si les autres facteurs agissaient positivement, le niveau démographique, en déterminant en dernière instance le nombre de possesseurs, limiterait par ricochet la masse globale des manuscrits produits et la capacité d'absorption du marché.

Les effets du facteur démographique sont, en revanche, plus directs et immédiats lorsque celui-ci évolue négativement à cause d'une brusque augmentation du taux de mortalité à la suite d'épidémies. On observe alors une synergie entre cet élément et le facteur « pérennité du livre » : le nombre de possesseurs baisse rapidement alors que pour la même raison la quantité des livres en circulation subit une hausse importante. De cette manière, les volumes offerts sur le marché suffiront à satisfaire la demande, non seulement des survivants, mais également de leurs descendants.

Le « coût de fabrication » — dont le plancher est fixé par la productivité des techniques et du travail, et le niveau moyen par la qualité des standards de fabrication et la plus ou moins grande richesse d'exécution propres à chaque cas spécifique — influe sur la production de quatre manières différentes.

En premier lieu, ce facteur, en limitant le nombre de possesseurs, érige une barrière qui empêche l'accès à la propriété du livre : le prix moyen calculé pour la France au bas Moyen Age suffit à écarter de la sphère culturelle même les couches intermédiaires de la population. Les quelques bourses accordées pour permettre la fréquentation des collèges universitaires ne peuvent pas changer la physionomie de ce tableau d'ensemble.

Deuxièmement, des coûts de fabrication élevés amènent nécessairement à partager les frais d'équipement culturel qui incombaient auparavant aux individus. De même que la *pecia* a représenté une rationalisation du processus de copie consistant à répartir le même modèle entre plusieurs scribes, ainsi la création des bibliothèques collectives de type universitaire a représenté une rationalisation de la lecture consistant à répartir le même volume entre plusieurs lecteurs, en permettant le prêt et en facilitant la consultation *in loco*. Si cette rationalisation ne peut être considérée comme un accélérateur de la production, il ne faut pas non plus en surestimer les effets dépressifs. Le déficit de production ne doit pas être mesuré en multipliant le nombre de volumes d'une bibliothèque collective par celui des maîtres et des étudiants qui y avaient accès : d'un côté, en effet, faute d'une structure adéquate, maîtres et étudiants auraient spontanément réduit leurs besoins à quelques manuscrits — qu'ils auraient de surcroît cherché à acquérir sur le marché — ; de l'autre, le nombre d'étudiants aurait été inférieur (cf. p. 91–92).

De la même manière, le triplet : « coûts de fabrication », « prix du livre sur le marché », « pérennité du livre », ne peut avoir qu'un impact négatif sur la production. L'achat de livres étant extrêmement onéreux, les possesseurs avaient tendance à en augmenter la durée d'utilisation. Ce mécanisme fonctionnait donc comme un « volant » de régulation qui réduisait la production de livres au niveau strictement nécessaire pour satisfaire les besoins. La puissance du « volant » est étroitement liée à l'écart entre le coût de fabrication d'un manuscrit et le prix auquel on pouvait se le procurer sur le marché. Notons que c'est précisément la pérennité du livre qui a permis la constitution des bibliothèques de collèges et leur fonctionnement sans bourse délier.

Enfin, il ne faut pas oublier que le rang du livre dans la hiérarchie des besoins dépend lui aussi du prix du livre, suivant un mécanisme complexe où la chute du prix d'une denrée ou d'un objet manufacturé entraîne non seulement une plus grande satisfaction des besoins réels, mais également une augmentation de la perception subjective de ces besoins. Il est toutefois impossible de donner une évaluation précise de ce phénomène.

Deux de ces facteurs nous paraissent jouer un rôle majeur dans le système de régulation de la production du livre médiéval : le nombre de possesseurs et le niveau de leurs besoins. Ces derniers étant, comme nous l'avons vu, très limités dans la France du bas Moyen Age, c'est en fait le nombre de possesseurs qui détermine, en dernière analyse, les tendances à long terme ; nombre sévèrement conditionné à son tour par la situation démographique et par l'élément prix. Dans ces conditions, la pérennité du livre et la rationalisation de l'accès à la lecture constituent une sauvegarde apte à minimiser le coût social de la production.

En effet, dans une société qui ne fait pas de la productivité un but en soi, l'attitude normale n'est pas d'augmenter à tout prix la production, mais, au contraire, de la réduire au niveau strictement compatible avec l'expression des besoins. Cette auto-limitation de la production n'a jamais, rappelons-le, pour conséquence une diminution du nombre des livres disponibles : pour assurer la stabilité ou même l'augmentation de ce dernier, il suffit que la production demeure supérieure aux pertes.

L'auto-limitation de la production est donc inséparable de la pérennité du livre. Or celle-ci dépend, en bonne partie, de la qualité des standards de fabrication. C'est par là que nous pouvons expliquer les réticences que l'on a opposées en France à l'introduction du papier dans la fabrication du manuscrit. Il s'agissait d'une contradiction entre deux tendances opposées, l'une privilégiant l'allègement des coûts à la charge des individus ; l'autre, l'allègement du coût social en garantissant la durabilité du livre. Comme on le sait, c'est la première tendance qui a prévalu avec l'invention de l'imprimerie.

Les effets du système de régulation dont nous venons d'esquisser les grands traits demeurent stables tant que le demeure son élément clé : le nombre de possesseurs. Or, seule une augmentation importante du niveau démographique ou une véritable chute des prix sont à même de faire sauter ce verrou. Cela ne pouvait se produire dans la France médiévale car, au milieu du XVe siècle, le bilan démographique était largement déficitaire par rapport à 1320 (cf. p. 89–91) ; de même, en l'absence de nouvelles techniques de reproduction, l'on ne pouvait espérer un bond de productivité, et par là une modification radicale de l'élément prix.

16. p. 53 « IV. ESTIMATION DE LA PRODUCTION DU LIVRE MANUSCRIT EN FRANCE AU MOYEN AGE»

Cette estimation de la production peut être largement améliorée en diverses directions.

Premièrement, la périodisation peut être affinée à l'aide du corpus des manuscrits datés d'origine française, dont le recensement est déjà achevé et le catalogage en cours. Nous avons déjà procédé à la ventilation année par année de ce corpus (cf. plus loin, n° 27).

Deuxièmement, à partir de cet ensemble de manuscrits, il est possible, entre autres, de mener une enquête plus précise sur le poids de chaque élément dans les dichotomies latin/vulgaire et parchemin/papier.

Troisièmement, l'analyse des tendances de la production peut être étendue, tant à partir des manuscrits datés que des *Colophons* édités par les Bénédictins du Bouveret, aux principaux pays de l'Europe occidentale, notamment à l'Italie et aux Pays germaniques.

Enfin, l'on peut envisager de soumettre au même traitement, *mutatis mutandis*, les éditions incunables.

Sur ces trois derniers points, nous poursuivons actuellement une recherche en collaboration avec D. Coq.

17. p. 62–64 « IV. 8. LA TOTALITÉ DE LA PRODUCTION EN LATIN ET EN FRANÇAIS : QUELQUES INDICATIONS»

Dans notre estimation de la totalité de la production manuscrite française, nous n'avions pu faire autrement qu'appliquer à la France le pourcentage des éditions en langue vulgaire dans l'Europe entière – 23 % – fourni par L. Febvre et H. J. Martin. Par la suite, nous avons effectué nous-mêmes un recensement à partir de l'index du répertoire Hain–Copinger établi par K. Burger (*The Printers and Publishers of the XV. Century with lists of their works. Index to the supplement to Hain's Repertorium bibliographicum, etc.*, 1902, réimpr. Milan, 1950). Nous avons ainsi obtenu un pourcentage de 28 %, qui est sans doute sous-estimé, car au début de ce siècle le répertoriage des éditions françaises était loin d'être satisfaisant. Ce pourcentage est en accord avec l'estimation de R. Hirsch (*Printing, Selling and Reading*, p. 134) qui a donné un résultat très voisin : environ 29 %. Le même auteur fait état, par ailleurs, d'une estimation analogue à partir du catalogue des incunables de la British Library (*Catalogue of Books printed in the XV*th *century now in the British Museum*, 10 vol., London, 1908–1971, t. IX, p. xv) qui abouti à un pourcentage de 35 %. Ce résultat nous paraît toutefois peu fiable dans la mesure où il reflète le contenu d'un seul fonds.

    Ces nouvelles valeurs ne compromettent pas, malgré tout, notre estimation. En effet, ayant également calculé le pourcentage de volumes en vulgaire au sein des manuscrits datés d'origine française, nous avons obtenu, pour le XVe siècle, un taux de 24 %, très proche de celui que nous avions utilisé.

    Relevons enfin que l'écart constaté entre manuscrits et incunables n'est pas significatif car, en réalité, ces deux pourcentages ne peuvent être comparés. Le premier représente, abstraction faite des biais dus à la disparition des volumes, le taux de manuscrits en vulgaire parmi ceux qui *circulaient* en France ; le second, le nombre d'éditions en vulgaire *produites* en France. Or, pour les incunables, le nombre d'éditions produites dans un pays n'est pas représentatif du nombre d'éditions – ni *a fortiori* d'exemplaires – qui y circulaient, dans la mesure où bon nombre de livres étaient importés. Ces importations concernaient surtout les ouvrages en latin. Le taux de 29 % est donc sans aucun doute surestimé et ne peut signifier en aucun cas une accélération de la diffusion de la littérature en français.

    18. p. 64 « Les pourcentages... sauf à Cambrai. »

    Ce déficit de manuscrits en parchemin à Cambrai pourrait être expliqué par un facteur géographique : l'évêché de Cambrai s'étendait largement sur une partie de l'actuelle Belgique, où les manuscrits en papier deviennent de bonne heure majoritaires (cf. p. 67–68) ; et par un facteur chronologique dans le cas où le pourcentage de manuscrits tardifs serait plus important dans cette bibliothèque.

    19. p. 66 « Ils doivent être comparés... *effectivement* datés. »

    L'hypothèse d'une sous-représentation des manuscrits liturgiques dans le corpus des manuscrits datés s'est révélée fausse par la suite. Un sondage effectué dans l'un des répertoires de V. Leroquais (*Les sacramentaires et les missels manuscrits des bibliothèques publiques de France*, 3 vol., Paris, 1924, tome I) a fourni un taux de datation analogue à celui des autres catégories de manuscrits. Ce correctif, cependant, n'infirme en rien les résultats de la comparaison entre les données du TABLEAU Q et celles du TABLEAU R.

    20. p. 66–67 « Il ne faut pas oublier... qu'il n'apparaît aujourd'hui. »

    Le problème du taux de survie respectif du parchemin et du papier mériterait d'être approfondi. D'après les vérifications que nous avons pu effectuer, il ne semble pas, en réalité, que le papier ait été beaucoup plus sévèrement touché que le parchemin. L'inventaire de la bibliothèque de Jean d'Angoulême (qui contenait également des volumes ayant appartenu à son frère Charles d'Orléans), établi en 1467 et publié par G. Dupont-Ferrier (« Jean d'Orléans, comte d'Angoulême, d'après sa bibliothèque (1467) » in *Mélanges d'histoire du Moyen Age publiés sous la direction de M. le professeur Luchaire*, Paris, 1897, p. 39—92), comporte 87 manuscrits sûrement en parchemin et 38 sûrement en papier. Il reste 48, soit 55 %, des premiers ; 14, soit 37 %, des seconds (le décompte des manuscrits retrouvés englobe non seulement les identifications de Dupont-Ferrier, mais également les résultats des investigations de G. Ouy, aussi bien à la Bibliothèque Nationale de Paris que dans d'autres bibliothèques européennes).

Pour la bibliothèque de San Marco à Florence (cf. B.L. Ullman — P. A. Stadter, *The public Library of Renaissance Florence. Niccolò Niccoli, Cosimo de' Medici and the Library of San Marco*, Padova, 1972) nous avons calculé, à partir du catalogue de la fin du XVe siècle, un taux de survie de 60 % pour le parchemin et de 66 % pour le papier.

Ces deux résultats sont apparemment contradictoires. En fait, dans la bibliothèque de San Marco l'écart en faveur du papier n'est que le reflet d'un processus beaucoup plus complexe : les pertes ont frappé bien plus les grands manuscrits que les petits, et ce, indépendamment de leur matière (cf. plus loin, n° 25). Comme le pourcentage de grands manuscrits est beaucoup plus faible pour les volumes en papier, il est normal que ces derniers aient survécu en plus grand nombre.

Quoi qu'il en soit, l'écart mesuré dans les deux bibliothèques n'est pas considérable. Cependant, il serait dangereux de généraliser ces résultats, car les deux exemples étudiés pourraient constituer des cas d'espèce. Ainsi, dans une bibliothèque princière comme celle de Jean d'Angoulême, les manuscrits en papier étaient sans doute plus soignés que d'ordinaire, ce qui aurait pu favoriser leur survie. Par ailleurs, jamais, ni dans cette bibliothèque ni dans celle de San Marco, les volumes ne se sont trouvés dans une situation d'abandon catastrophique, comme ce fut le cas pour la *parva libraria* de la Sorbonne.

21. p. 68 « La progression de l'usage... dans la production du livre. »

Il faudrait sans doute ajouter un troisième facteur à ceux qui ont été avancés pour expliquer la progression de l'usage du papier aux dépens du parchemin. Il s'agit des difficultés d'approvisionnement qui, en fonction de la conjoncture politique, ont pu affecter l'un ou l'autre de ces matériaux.

22. p. 71—72 « La lente progression... quatre-vingts ans en arrière. »

Il se pourrait que les données du TABLEAU S aient pu être biaisées au détriment du papier par le fait que les manuscrits survivants proviennent de librairies collectives auxquelles les particuliers auraient légué leurs meilleurs manuscrits. Cependant, cette tendance était loin d'être générale : nous avons en effet remarqué que tel n'était pas le cas pour Jean de Dormans (cf. p. 29). De même, dans l'inventaire du chanoine Pierre Fortet, dressé en 1393, les 64 volumes légués au collège étaient estimés en moyenne à 3 £ 5 s, les 33 autres à 6 £ 2 s.

Par ailleurs, l'on ne saurait expliquer par ce biais les véritables renversements de tendance que l'on observe entre l'un ou l'autre des personnages mentionnés dans le tableau.

Ajoutons enfin que pour la bibliothèque de Jean d'Angoulême la large prédominance du parchemin peut être expliquée non seulement par le rang social de Jean et de Charles (en effet, parmi les 34 manuscrits exécutés par et pour eux — et dont il pouvaient par conséquent choisir le support — on ne compte que 20 % de volumes sur papier), mais également par le fait que la constitution de leur bibliothèque débute dans le premier quart du XVe siècle. Il est vrai, comme nous avons pu le vérifier, que dans l'inventaire établi en 1467 la place du papier y était plus importante que dans l'échantillon tiré du catalogue des manuscrits datés (30 % contre 19 %), mais on peut supposer que le même biais a affecté les autres personnages mentionnés dans le TABLEAU S.

23. p. 72 « VI. LE TAUX DE SURVIE DES MANUSCRITS MÉDIÉVAUX »

Le problème de la survie du livre médiéval a déjà attiré l'attention de quelques spécialistes, surtout en ce qui concerne le livre imprimé. Citons : Hirsch, *Printing, Selling and Reading*; J. P. Gilmont, « Livre, bibliographie et statistiques », *Revue d'histoire ecclésiastique*, LXV (1970), p. 803 sq. ; Gilmont, « La diffusion et la conservation des éditions de C. Scribani », *Revue d'histoire de la spiritualité*, 53 (1977), p. 267–274 ; H. J. Koppitz, « Fragen der Verbreitung von Handschriften und Frühdrucken im 15. Jahrhundert », in *Buch und Text im 15. Jahrhundert*, Arbeitsgespräch in der Herzog August Bibliothek Wolfenbüttel vom 1 bis 3. Marz 1978, Hamburg, 1981, p. 179–188.

A notre connaissance, seul G. Eis (*Vom Werden altdeutscher Dichtung. Literarhistorische Proportionen*, Berlin, 1962, p. 7–27 ; mentionné par Koppitz, *art. cit.*, p. 179) donne une estimation du taux de survie des manuscrits médiévaux, d'après le calcul du nombre de missels circulant au Moyen Age dans le diocèse de Passau. D'après Eis, un seul manuscrit sur 150 aurait survécu (taux de survie = 0,67 %). Compte tenu du fait que cette estimation s'applique à une catégorie de manuscrits bien particulière, nous pensons que le taux global de survie pour la France est sans aucun doute plus élevé.

Toutes les autres contributions évitent prudemment d'avancer des estimations chiffrées et se bornent à énumérer un certain nombre de facteurs ayant pu agir favorablement ou défavorablement sur la survie des livres, sans d'ailleurs tenter de distinguer les facteurs directs et indirects, de hiérarchiser leurs effets et d'établir enfin un schéma de leurs interactions.

Ce n'est pas par hasard, en tout cas, que ces contributions portent généralement sur des incunables, pour lesquels il est possible de recenser le nombre d'exemplaires survivants pour chaque édition (bien que là aussi les difficultés demeurent très nombreuses). C'est sur ce terrain que nous envisageons de reprendre et d'approfondir cette question épineuse mais fondamentale, en collaboration avec D. Coq.

Il est clair que les considérations que nous avons formulées dans ce chapitre ne visaient pas des buts aussi ambitieux, mais répondaient à une préoccupation bien précise : déterminer l'existence éventuelle de biais susceptibles d'affecter le résultat de notre enquête sur la production du manuscrit. Il nous semble, néanmoins, avoir démontré, par l'analyse des modalités de survie dans deux grandes bibliothèques, la Sorbonne et le Louvre, que le taux de survie d'un manuscrit :

- est étroitement lié à sa valeur vénale ;
- est lourdement affecté par son insertion dans le circuit de la propriété privée.

Nous sommes convaincus que ces deux facteurs constituent les axes principaux autour desquels s'articule l'essentiel du processus.

Le facteur « valeur vénale » s'insère, en fait, dans une chaîne dont le premier maillon est le type de public auquel est destiné le manuscrit. Cet élément conditionne en large mesure la richesse de l'exécution, dont dépend la valeur du manuscrit. C'est cette variable qui module l'effort de conservation, en fonction duquel variera en définitive le taux de survie. Notons par ailleurs que le type de public détermine le plus souvent le circuit qu'empruntera le manuscrit par la suite : celui de la propriété privée ou celui de la propriété collective, et, éventuellement, la probabilité de passage du premier au second.

Certains des facteurs qui ont été mis en avant — le contenu, la langue, la lisibilité, le format, etc. — n'ont pas un rôle déterminant : le taux de survie varie moins *en fonction* d'eux qu'*en même temps* qu'eux. Il est ainsi fort probable que l'on observe des variations considérables du taux de survie suivant que le texte est en latin ou en vulgaire, mais ces variations ne seront que le reflet du fait que les manuscrits en vulgaire empruntent le plus souvent des circuits privés, où les probabilités de destruction sont plus importantes ; ou alors, inversement, du fait que ce type de manuscrit, étant destiné dans la France du bas Moyen Age à un public plus riche, était aussi plus richement exécuté, ce qui rendait plus improbable sa destruction. Des considérations analogues pourraient être avancées pour le contenu (cf. n° 24).

Bien entendu, si ces caractéristiques ne sont pas la cause directe des variations du taux de survie, il n'en reste pas moins que les manuscrits qui les présentent auront des taux de survie différents. Il faudra donc évaluer avec soin les biais ainsi introduits à l'occasion de toute étude de type bibliométrique. C'est précisément ce que nous avons fait dans notre enquête sur la production du manuscrit.

24. p. 77 « Le GRAPHIQUE T'... ont en effet disparu. »

Dans l'établissement des graphiques T et T', nous avons considéré les manuscrits indépendamment de leur regroupement en sections suivant le contenu et de l'ordonnance de ces sections à l'intérieur du catalogue de 1338.

Nous avons voulu par la suite compléter nos observations afin de déterminer dans quelle mesure la corrélation prix/taux de survie était influencée par ces facteurs.

Le GRAPHIQUE T" (cf. ci-contre), tout comme le GRAPHIQUE T', comporte en abscisse la prisée des volumes en sous parisis et en ordonnée le taux de survie ; avec la différence, toutefois, que les volumes ont été regroupés, suivant la classification du catalogue, en sections numérotées, pour chacune desquelles a été retenue la moyenne des prisées.

On constate que les prisées moyennes ne se distribuent pas au hasard sur le graphique, mais qu'il y a une corrélation positive entre la valeur moyenne d'une

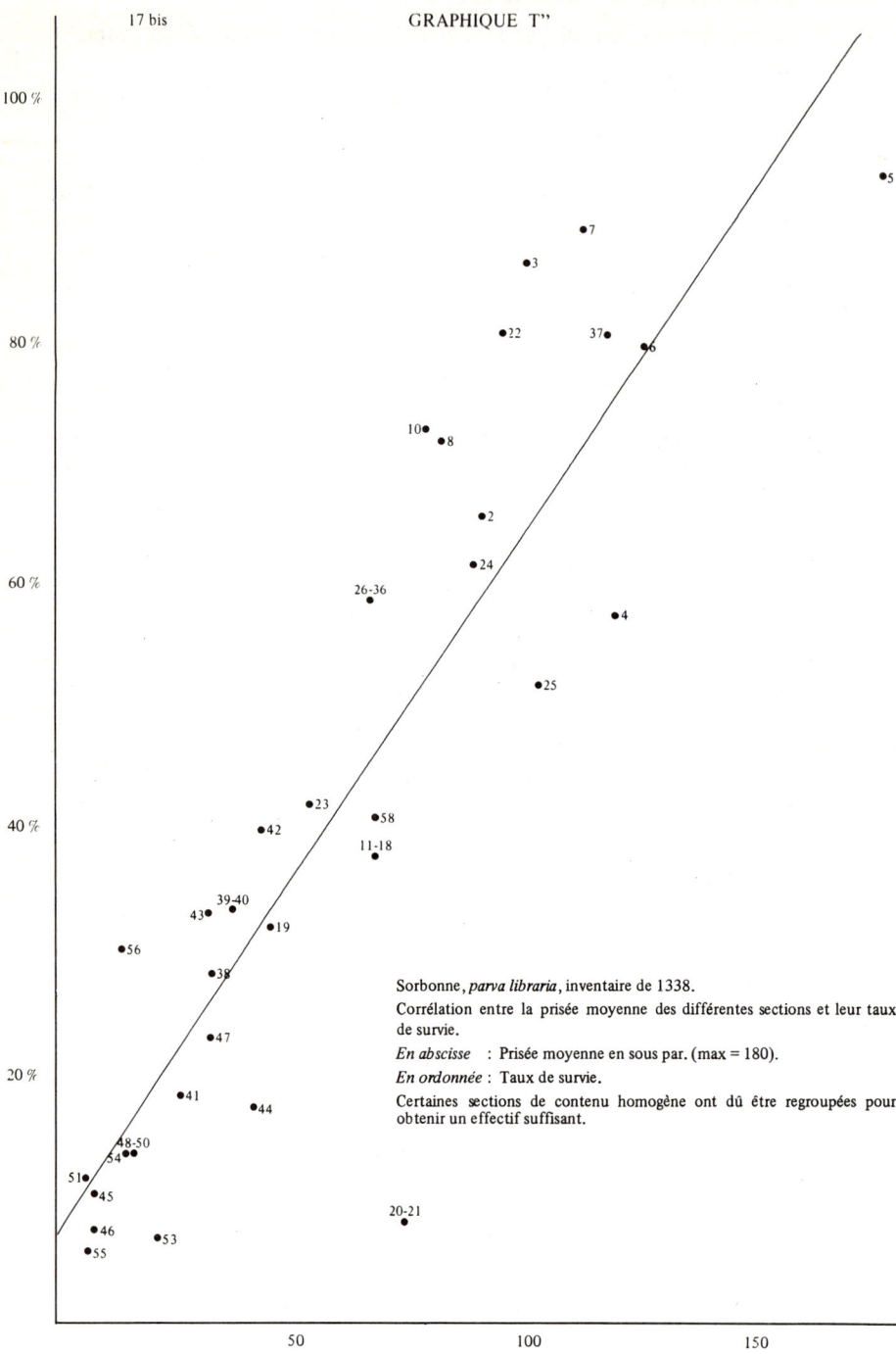

Sorbonne, *parva libraria*, inventaire de 1338.
Corrélation entre la prisée moyenne des différentes sections et leur taux de survie.
En abscisse : Prisée moyenne en sous par. (max = 180).
En ordonnée : Taux de survie.
Certaines sections de contenu homogène ont dû être regroupées pour obtenir un effectif suffisant.

section et le taux de survie des manuscrits qui la composent. Cela est imputable au fait que la valeur moyenne des sections n'est pas uniforme et qu'il existe donc une corrélation entre le contenu et les prix.

On peut montrer, par ailleurs, qu'il y a également une corrélation entre l'ordonnance des sections et celle des prix, à l'exception de la section LVIII contenant les textes juridiques.

Sections	Prix moyen
I – IX	142 s. par.
X – XXXVIII	74 s. par.
XXXIX – LI	28 s. par.
LII – LVII	14 s. par.
LVIII	68 s. par.

Compte tenu de ces données, il y a lieu de se demander par quels mécanismes la typologie des textes, et plus particulièrement la hiérarchie du monde culturel que sous-tend toujours l'ordonnance des catalogues des grandes bibliothèques médiévales, peut se refléter dans la valeur économique des manuscrits.

On peut supposer que cette corrélation se fait en bonne partie par l'intermédiaire de la qualité d'exécution, mais il est difficile dans ce processus de faire la part de ce qui relève du contenu, qui pourrait imposer un certain niveau d'exécution, et de ce qui relève du type de public auquel le manuscrit s'adresse.

Nous avons pu déterminer qu'à la Sorbonne l'impact du premier élément était important. En effet, l'analyse du legs d'un seul personnage – Gérard d'Abbeville – montre que la valeur de ses volumes s'échelonne, à quelques exceptions près, suivant l'ordonnance déjà observée pour la bibliothèque dans sa totalité.

Il est évident que ces résultats, obtenus dans ce « microcosme » qu'est la Sorbonne dont les légataires forment un ensemble assez homogène, ne sauraient être généralisés sans l'apport de recherches ultérieures.

Notons enfin qu'il y avait sans doute à la Sorbonne une corrélation entre les dimensions matérielles des volumes (taille, nombre de feuillets) et l'ordonnance des sections. Néanmoins, l'incidence de ce facteur sur l'échelle des prix ne nous paraît pas déterminante.

25. p. 79–80 « Est-il possible d'extrapoler... le Louvre et la Sorbonne. »

Si ce phénomène de perte des manuscrits les moins chers nous semble pouvoir être généralisé à l'ensemble des bibliothèques strictement privées, on doit, en revanche, garder une certaine prudence en ce qui concerne les bibliothèques collectives.

Ainsi, dans la bibliothèque florentine de San Marco, ce sont surtout les manuscrits les plus riches qui ont disparu. Nous pouvons l'affirmer à partir des données contenues dans le catalogue ancien de la bibliothèque où, pour la description de certains volumes, apparaissent les expressions : *pulcher* ou *valde pulcher* (Ullman –

Stadter, *The public Library*, p. 125–267, *pass.*). Si l'on trie les manuscrits, d'une part d'après leur richesse, de l'autre d'après leur taille, fournie également par le catalogue (*volumen magnum, mediocre, parvum*), nous obtenons les résultats suivants :

TABLEAU AB					
TAILLE	MSS RICHES		AUTRES MSS		TOTAL
	conservés	non cons.	conservés	non cons.	
Vol. *magnum*	38 (34 %)	75 (66 %)	48 (48 %)	52 (52 %)	213 (28 %)
" *med.*	68 (72 %)	26 (28 %)	154 (64 %)	87 (36 %)	335 (45 %)
" *parvum*	26 (65 %)	14 (35 %)	110 (68 %)	51 (32 %)	201 (27 %)
TOTAL	132 (18 %)	115 (15 %)	312 (42 %)	190 (25 %)	749

Il apparaît, contre toute attente, que les disparitions ont frappé davantage les manuscrits de grandes dimensions plutôt que les autres, (60 % contre 34 % et 32 %) et parmi ces grands volumes, ceux qui étaient jugés les plus riches (66 % contre 52 %). La disparition des grands manuscrits relève de deux facteurs concomitants : d'une part, le niveau d'exécution de ces manuscrits était en général assez élevé, ce qui excitait la convoitise ; de l'autre, le fait que les vols furent sans doute perpétrés avec la complicité des moines, ce qui permit d'emporter des manuscrits peu maniables. Cette dernière circonstance est explicitement mentionnée dans une bulle du pape Léon X, datée de 1519, qui frappait d'excommunication les coupables de pareils méfaits : « codices nonnullos seu libros, *etiam ex praetiosis*, quandoque ac singularibus... *per se* vel *per alios* furtive ac nimis callide abstulisse et asportasse... » (*ibid.*, p. 45 ; souligné par nous). Ce phénomène a dû être assez important, car ses effets apparaissent nettement malgré le laminage habituel par le bas dont il nous reste également des preuves : les ventes fréquentes de volumes jugés « disutiles », « vecchi » ou « doppi » (*ibid.*, p. 50).

26. p. 82, note 115.

Nous avons pu mesurer le taux de survie d'une autre bibliothèque, celle de Jean d'Angoulême, qui est d'environ 46 %. Ce taux est analogue à celui de la Sorbonne ; cela n'est pas étonnant, car la bibliothèque de Jean, contrairement à celle du Louvre, n'a pas été dispersée.

A l'étranger, dans une grande bibliothèque collective comme celle de San Marco à Florence, le taux de survie est d'au moins 60 % et les éditeurs de son catalogue médiéval s'attendaient à retrouver encore une quantité non négligeable de manuscrits (Ullman–Stadter, *The public Library*, p. 119).

27. p. 91–109 « VII.3 – VII.4 : LA PRODUCTION DU LIVRE AUX XIVe ET XVe SIECLES »

Les résultats obtenus par une ventilation des manuscrits datés des XIVe et XVe siècles par quarts de siècle (cf. TABLEAU M, p. 61) ont été pleinement confirmés et affinés grâce à un dépouillement exhaustif du corpus des manuscrits datés d'origine française (cf. C. Bozzolo – E. Ornato, « Les fluctuations de la production manuscrite à la lumière de l'histoire de la fin du Moyen Age français », *Bulletin Philologique et Historique (jusqu'à 1610) du Comité des Travaux historiques et scientifiques*, année 1979, paru en 1981, p. 51–75). Ce dépouillement a été effectué à partir aussi bien des catalogues publiés que des notices provisoires rassemblées à la section de Paléographie de l'Institut d'Histoire des Textes.

L'enquête a permis d'établir que le taux de datation avait augmenté au cours du Moyen Age, notamment à la fin du XIIIe siècle et dans le deuxième quart du XVe. Malgré ce biais, il est néanmoins possible de dégager les tendances générales de la production, quelque peu masquées par la périodisation trop large précédemment adoptée.

L'examen détaillé des courbes de production fait ressortir nettement la tendance à la stagnation à long terme, déjà relevée, et les effets de deux périodes négatives, l'une entre 1350 et 1390, l'autre entre 1420 et 1440, coïncidant avec des événements saillants de la guerre de Cent Ans. En revanche, on observe de longs moments positifs avant le début de la guerre, pendant les périodes de trêve, et après la reconquête de Paris. Il est à noter, cependant, qu'après chacune des phases dépressives, le niveau de production dépasse à peine celui qui avait été atteint auparavant.

A court terme, les courbes présentent une succession de hauts et de bas plus ou moins prononcés. Les mouvements de baisse soudains peuvent être mis en corrélation, la plupart du temps, avec des épisodes épidémiques dont les effets sont en général ponctuels, sauf en ce qui concerne la Peste noire. A partir de 1470, la production de manuscrits baisse très rapidement à cause de l'essor du livre imprimé.

Si l'on examine la courbe de production pour un échantillon de manuscrits d'origine germanique, on constate qu'elle présente le même aspect pour ce qui est des tendances à court terme. En revanche, l'allure générale est entièrement différente : elle est assimilable, en effet, à une courbe exponentielle, avec un doublement de la production tous les trente ans environ.

Comme nous l'avons déjà dit, une enquête plus large portant sur les pays de l'Europe occidentale est actuellement en cours.

28. p. 99, note 146.

Une étude sur le remplacement progressif du manuscrit par l'imprimé devrait pondérer soigneusement deux facteurs : l'année de l'établissement de l'inventaire et l'histoire de la formation de la bibliothèque concernée.

Parmi les livres légués à San Marco de Florence par Lorenzo da Bisticci, neveu de Vespasiano, on dénombre 14 % d'incunables (cf. Ullman–Stadter, *The public Library*, p. 28). Un pourcentage aussi bas s'explique par la date de l'inventaire : 1478. La bibliothèque de San Marco, elle-même, comportait 17 % d'imprimés vers 1499. Il s'agit d'un pourcentage très faible pour l'époque que l'on peut attribuer au fait que les apports principaux, ceux de Niccoli et de Cosimo dei Medici, sont antérieurs à l'introduction de l'imprimerie. La présence d'un grand nombre de manuscrits, dont certains d'une qualité remarquable, a dû constituer un frein à des achats ultérieurs.

En général, on peut supposer que le fonds important de manuscrits, dont disposaient les grandes bibliothèques collectives, a fonctionné souvent comme un volant d'inertie ; alors que dans les bibliothèques privées, qui se formaient souvent *ex nihilo* en quelques années, l'introduction de l'imprimé a dû être beaucoup plus rapide.

29. p. 99–100 « Une première évaluation... que celui des manuscrits. »

Aux trois facteurs de perturbation qui rendraient extrêmement aléatoire la procédure d'évaluation des manuscrits non produits du fait de la concurrence de l'imprimé, il faut ajouter celui-ci : la mobilité des livres imprimés qui pouvaient être vendus très loin du lieu de production. Il est notoire, en effet, qu'à côté des exemplaires fabriqués *in loco* circulaient en France un grand nombre de livres provenant d'Italie ou d'Allemagne.

30. p. 100, note 147.

Le taux de survie des incunables dans la bibliothèque de San Marco de Florence est de 34 % contre 60 % pour les manuscrits (cf. Ullman-Stadter, *The public Library*, p. 119). Le pourcentage pour les incunables doit être néanmoins accueilli avec une certaine prudence, car il n'est pas impossible que les recherches des éditeurs de l'inventaire aient été moins poussées dans ce domaine ou que les imprimés aient davantage perdu leurs marques de reconnaissance.

Nous pensons par ailleurs qu'un autre facteur a dû, sur le plan général, influer négativement sur le taux de survie des incunables : leur plus grande diffusion dans le circuit de la propriété privée, imputable à leur prix beaucoup plus avantageux par rapport au manuscrit.

31. p. 100–102 « Puisque les deux procédés... incapables d'y faire. »

En ce qui concerne cette estimation théorique de la production du XVe siècle en faisant abstraction de l'apparition de l'imprimerie, nous pouvons apporter des précisions quant aux paramètres 1 (pourcentage de manuscrits en vulgaire) et 3 (stabilité du taux de datation).

Comme nous l'avons vu (cf. plus haut, n° 17), le pourcentage de 23 % de manuscrits en vulgaire constitue une base satisfaisante. Quant au taux de datation, nous avons pu montrer (cf. Bozzolo – Ornato, « Les fluctuations », p. 57–58) qu'il avait probablement triplé ou quadruplé à partir de 1425 environ.

Tout cela nous incite à maintenir ou même à réviser en baisse l'hypothèse selon laquelle la production du XVe siècle, sans l'introduction de l'imprimerie, n'aurait dépassé que de 50 % celle du XIIIe siècle.

32. p. 113 « Or, dans le même milieu... à partir de 1525. »

La situation était très différente en Italie : Niccoli († 1437) possédait environ 600 volumes (cf. Ullman – Stadter, *The public Library*, p. 60) ; l'inventaire de la bibliothèque de Giovanni Aurispa († 1459) comporte 578 articles (A. Franceschini, *Giovanni Aurispa e la sua biblioteca*, Padova, 1976) ; le cardinal Bessarion († 1472) avait recueilli au moins 390 manuscrits latins, chiffre auquel il faut ajouter un grand nombre de manuscrits grecs et 22 incunables (cf. C. Bianca, « La biblioteca latina del Bessarione », in *Scrittura, biblioteche e stampa a Roma nel Quattrocento. Aspetti e problemi*, Atti del Seminario 1–2 giugno 1979, 2 vol., Città del Vaticano, 1980, I, p. 111).

33. p. 117 « Très nombreux dans les transactions... la liste des exemplaires. »

Un excellent exemple de l'utilisation de manuscrits anciens au XVe siècle est constitué par la bibliothèque de Niccolò Niccoli (cf. Ullman – Stadter, *The public Library*, p. 88) où 70 % des volumes sont antérieurs au XIIIe siècle et relèvent donc de la production monastique. La prépondérance des manuscrits anciens est évidemment liée aux intérêts culturels propres aux humanistes.

Et encore ce phénomène ne doit-il pas être généralisé, car la ventilation des manuscrits dans la bibliothèque du cardinal Bessarion est radicalement différente : 71 % des volumes datent du XVe siècle (Bianca, « La biblioteca latina del Bessarione », p. 107, n. 15). Ce renversement de tendance est imputable au fait que bon nombre de manuscrits avaient été exécutés à l'initiative du cardinal, pour qui, comme pour d'autres personnages de son rang, les penchants culturels allaient de pair avec le goût du bibliophile.

Notons que toutes les statistiques de ce type sont nécessairement fondées sur les volumes conservés. Néanmoins, nous ne pensons pas qu'elles puissent être biaisées pour cette raison.

CAH

34. p. 126 « Aussi devons-nous... en justifierait la présence. »

Nous regrettons que la catalographie du manuscrit, dont les progrès sont indéniables et qui tient compte de plus en plus des avantages apportés par l'outil informatique, demeure toujours confinée dans une perspective de type heuristique. Les recherches de type quantitatif comportent, elles, des exigences spécifiques dont la satisfaction, au demeurant, n'est nullement incompatible avec les besoins traditionnellement exprimés par les chercheurs.

En tant qu'utilisateurs de la documentation existante et à venir, nous avons eu l'occasion d'expliciter notre point de vue lors d'un séminaire tenu à Rome à l'invitation de l'Istituto Centrale per il Catalogo Unico delle Biblioteche italiane.

L'étude statistique d'un grand nombre de populations de manuscrits, comportant souvent plusieurs centaines d'unités, serait puissamment aidée par :

1. Une augmentation sensible du nombre de caractéristiques matérielles recensées. Cette exigence doit être raisonnable et justifiée par des perspectives de recherche précises, tout en demeurant compatible avec les possibilités réelles d'une entreprise de catalogage.
2. La possibilité d'« interconnecter » plusieurs ensembles de notices descriptives issus d'entreprises distinctes, ce qui présuppose la présence des mêmes données dans toute la documentation et la standardisation des procédures de collecte.

Celle-ci n'implique pas nécessairement une uniformisation — par ailleurs souhaitable — de la présentation des notices. A ce sujet, il faut être conscient de certains risques que présenterait une telle uniformisation si elle n'était pas précédée de l'élaboration concertée d'un « protocole d'observation » éliminant toute source d'ambiguïté.

3. L'établissement de relevés exhaustifs des unités codicologiques médiévales présentes dans les fonds, dont chacune serait pourvue d'un numéro progressif et de deux ou trois renseignements essentiels — comme c'est déjà le cas depuis longtemps pour les incunables. Ces relevés constitueraient ainsi une « urne », pouvant fournir des échantillons représentatifs en vue de sondages éventuels. Cette exigence n'est nullement utopique, car l'établissement de listes de ce type constitue un préalable à toute entreprise systématique de description.

Il convient de souligner que les besoins ainsi formulés n'entraînent pas de contraintes supplémentaires, ni en ce qui concerne la présence d'inexactitudes ponctuelles — dont les conséquences sont beaucoup moins graves lors d'un traitement de type statistique — ni en ce qui concerne la formalisation des notices, indispensable dans une recherche heuristique informatisée, mais pas dans notre cas.

35. p. 133 « Logiquement... pour l'instant. »

Il est vraisemblable que la tendance à diminuer la longueur des cahiers qui se manifeste chez les premiers imprimeurs, doit être rapportée à la nécessité de réutiliser rapidement les caractères mobiles qui, coûtant très cher, étaient en nombre limité dans la casse. L'économie ainsi réalisée rendait impossible la composition dans l'ordre naturel de toutes les pages du futur cahier. Il fallait donc composer d'abord les pages du côté de première, puis celles du côté de seconde, ce qui impliquait une pré-répartition du texte du modèle en « pages d'imprimé » (calibrage). Puisque le nombre de pages à calibrer était fonction de la longueur du cahier, il était logique que l'on tende à diminuer cette dernière. Cependant, cette tendance ne pouvait s'exprimer tout à fait librement, car elle se heurtait à une contrainte de nature opposée : la nécessité de préserver la robustesse de la reliure et, par là, l'intégrité du volume. La préférence que l'on finira par accorder au quaternion — même dans les manuscrits in-folio — représente sans doute un point d'équilibre.

36. p. 133 « II.4. RENFORCEMENTS DES CAHIERS »

Comme nous le suggère Denis Muzerelle — qui prépare un important travail de recensement et de définition de la terminologie ayant trait au livre manuscrit et à son étude — ces renforcements devraient être appelés « fonds de cahier ».

37. p. 151 « La technique d'assemblage... des inconvénients majeurs. »

Quelles sont les circonstances qui président à l'adoption, à la généralisation et au maintien d'une technique? La réponse à cette question, même limitée au cadre de la production du livre médiéval, n'est pas encore à notre portée et nous nous contenterons d'apporter quelques éléments de réflexion.

Tout d'abord, il nous paraît indéniable que même dans une civilisation technologiquement peu avancée et qui ne se situe pas dans une perspective de productivité à tout prix — comme c'est le cas pour le Moyen Age — l'on ne pouvait méconnaître certaines réalités d'ordre économique. Aussi, est-il difficile d'admettre, en dehors du contexte privilégié propre à la production du livre de luxe, qu'un artisan pût faire abstraction à son gré des avantages liés à un allègement ou à une accélération du travail, surtout lorsqu'ils entraînaient, en définitive, une diminution du prix de revient. C'est pourquoi nous estimons que, chaque fois que l'on assiste à l'apparition d'un procédé nouveau, c'est parce que son insertion dans l'ensemble des techniques utilisées à un moment donné comporte un certain nombre d'avantages, dont la nature n'est pas toujours perceptible aujourd'hui. Si ces avantages étaient décisifs, alors le nouveau procédé finissait par se généraliser en un laps de temps plus ou moins long.

Il va de soi que cette notion d'avantage pratique est relative, aussi bien par rapport aux contraintes matérielles venant de l'amont, qu'au souci de fonctionnalité orienté vers l'aval. Les avantages liés à un certain procédé pouvaient donc disparaître lorsque ces contraintes venaient à cesser ou que ce souci trouvait une meilleure expression. Cependant, la disparition des avantages n'implique pas automatiquement l'abandon du procédé : en général — et cela est particulièrement vrai au Moyen Age — des habitudes vidées de leur motivation pratique peuvent persister pendant très longtemps grâce à une tradition transmise de génération en génération dans les ateliers. Elles s'insèrent alors dans le patrimoine des règles de l'art — justifiées ou non par les impératifs du goût — et entrent en concurrence, sous cette forme, avec d'autres canons qui coexisteront avec elles ou qui finiront par les supplanter. En aucun cas, toutefois, un procédé devenu « gratuit » ne saurait résister à l'essor d'un procédé concurrent qui permettrait de mieux s'adapter à de nouvelles contraintes ou de mieux répondre à de nouvelles exigences d'ordre fonctionnel.

Ces affirmations générales peuvent être illustrées par quelques exemples.

Puisque la transmission d'un texte ne peut se faire qu'à partir d'un modèle, il est normal que la transcription se fasse dans l'ordre où le texte se présente dans celui-ci ; cet ordre coïncide le plus souvent avec la séquence de lecture. Nous avons appelé « séquence naturelle » cette façon de procéder (cf. p. 177). La présentation du texte sur rouleau ou sur cahiers — généralisée dès l'Antiquité — a été conçue précisément en fonction de cette technique de copie.

Plus tard, alors que la présentation sur cahiers était depuis longtemps devenue habituelle, on s'aperçut qu'il était avantageux, afin de réduire le risque de déclassement des diplômes dans la copie, de maintenir la solidarité de ces derniers par la tranche de tête jusqu'au moment de la reliure. Dans ces conditions, la copie en séquence naturelle impliquait un certain nombre de manipulations supplémentaires que l'on aurait pu éviter en transcrivant d'abord toutes les pages du côté de première, puis celles du côté de seconde. La séquence naturelle, cependant, comme nous l'avons montré (cf. p. 179–187), a été maintenue ; en effet, l'avantage apporté par une transcription « côté par côté » était annulé par la nécessité, ou de reproduire le modèle page par page, ou de le calibrer en fonction de la nouvelle copie. Or, dans une copie manuscrite, les erreurs de calibrage, que ce soit au niveau de la page ou du cahier, ne peuvent être rattrapées ; une mauvaise jonction aurait donc entraîné une présentation défectueuse et, à la limite, la réfection du cahier concerné. Pour se rendre compte de la difficulté de calibrer un texte en fonction d'une copie manuscrite, il suffit de songer à la fréquence des défauts de jonction, parfois grossiers, que l'on observe dans les manuscrits universitaires lorsque les cahiers de l'*exemplar* n'ont pas été transcrits dans l'ordre.

Avec l'apparition de l'imprimerie, la situation change. En théorie, la composition du texte en séquence naturelle demeure la solution la plus commode, mais deux nouvelles contraintes se font jour : l'une en amont — la faiblesse du stock de caractères mobiles due à leur prix élevé (cf. plus haut, n° 35) — l'autre en aval — la possibilité, qui deviendra bientôt une nécessité dans une situation concurrentielle, de rentabiliser au maximum le travail de multiplication en imprimant simultanément plusieurs pages (imposition). La réunion de ces deux facteurs rendait impossible la composition en séquence naturelle, les caractères disponibles étant insuffisants pour composer dans l'ordre toutes les pages d'un cahier. Celle-ci fut donc abandonnée au profit de la composition « côté par côté », et ce parce que les inconvénients du calibrage étaient largement compensés par la possibilité de rattraper les défauts et par les gains de productivité obtenus au moment de l'impression.

Par la suite, la contrainte liée à l'indisponibilité des caractères mobiles ayant disparu, il devint possible de concilier les avantages de l'imposition avec ceux de la composition en séquence naturelle qui, étant plus pratique, se généralisa à nouveau.

A l'appui de nos considérations sur le maintien « par inertie » d'une habitude artisanale en dehors de toute nécessité pratique, nous pouvons proposer l'exemple de la répartition des marges dans le livre médiéval qui, comme on le sait, privilégiait celles de queue et de gouttière. Si notre hypothèse à ce sujet est exacte, cette répartition fut tout d'abord le reflet d'une contrainte matérielle : puisque l'artisan était rarement en mesure de rassembler un lot de peaux parfaitement homogène, et que pour des raisons d'économie il ne désirait pas procéder à un rognage trop sévère, il pouvait arriver que les lisières demeurent apparentes ; dans ce cas, il fallait empêcher qu'elles gênent la préparation de la réglure, ou pire, qu'elles viennent empiéter sur le cadre écrit (cf. p. 264).

Cette contrainte inhérente au matériau utilisé disparut complètement, d'abord dans les manuscrits sur papier, puis dans le livre imprimé. Pourtant, la répartition des marges traditionnelle demeura dominante pendant longtemps. Si elle a pu survivre, c'est essentiellement pour deux raisons : la transformation de la contrainte en « règle de l'art », mais surtout l'absence de nouvelles contraintes qui auraient pu imposer une répartition différente.

38. p. 154 « Comme on le voit... la seconde moitié du cahier. »

Dans le ms. 629 de la Bibliothèque universitaire d'Utrecht (Gilissen, n° 25), on observe deux feuillets vierges solidaires en début de cahier. Il s'agit cependant d'une anomalie : ces feuillets auraient dû se trouver à la fin, mais le scribe a volontairement plié à l'envers son cahier. Nous remercions J. P. Gumbert de nous avoir communiqué les résultats de ses observations, ainsi que son interprétation de ce phénomène.

39. p. 154–155 « Le problème de l'imposition... travaux s'y rapportant. »

Nous avions annoncé que, parallèlement à nos recherches, P. F. J. Obbema préparait lui aussi une étude sur les manuscrits imposés. Ce travail a paru : « Writing on uncut sheets », *Quaerendo*, VIII/4 (1978), p. 337–354. L'auteur y fournit une mise à jour complète de la bibliographie sur l'imposition dans le manuscrit, ainsi que des compléments aux listes établies par Ch. Samaran et L. Gilissen. Nous reviendrons sur les apports de cet article – dont les conclusions ne sont pas éloignées des nôtres – en traitant des divers aspects du problème de l'imposition.

40. p. 156 « Il est donc préférable... le découpage des diplômes. »

On nous a fait observer à juste titre que dans notre exposé nous avons eu tendance à transposer implicitement à l'incunable la définition de l'imposition donnée pour le manuscrit, à savoir « feuille comportant au moins quatre pages de texte placées tête-bêche ». Appliquée à l'imprimé, cette définition correspond en fait à celle d'imposition in-4° par feuilles entières. Il faut donc corriger dans ce sens les passages de la p. 157 (la régularité dans le rythme d'apparition du filigrane au sein du cahier) et de la p. 171 (apparition des signatures dans un diplôme sur deux).

41. p. 168–172 « *Système de signatures dans un diplôme sur deux.* »

P. F. J. Obbema (cf. « Writing on uncut sheets », p. 343) considère à juste titre que l'apparition dans un diplôme sur deux est plus significative pour les réclames – dont il signale trois cas – que pour les signatures. En effet, ces dernières peuvent avoir été écrites avant la copie du texte, ce qui n'est pas le cas, en général, pour les réclames. Rappelons, cependant, que les unes et les autres constituent des indications à l'usage du relieur. Par conséquent, si du point de vue matériel l'« indice réclame » a davantage de poids, la signification des deux phénomènes est équivalente sur le plan fonctionnel. Nous avons d'ailleurs mis en évidence (cf. p. 171) quatre cas où le système de signatures dans un diplôme sur deux apparaît dans des manuscrits que d'autres indices permettent de considérer comme imposés (dans deux cas, il y a même cohabitation entre le système de signatures et le système correspondant de réclames). P. F. J. Obbema (*Ibid.*, p. 342 et n. 13 ; 343, n. 17) signale lui aussi un manuscrit comportant ce type de signatures et, en même temps, une erreur de reliure pouvant être expliquée par la persistance de la solidarité en tête des diplômes (Gand, Bibl. Univ., ms 543 ; nous avons nous-mêmes décrit une anomalie semblable, cf. p. 212).

42. p. 177 « Si l'on estime... est prouvée. »

Nous sommes aujourd'hui moins affirmatifs en ce qui concerne l'existence de manuscrits dont les pages n'auraient pas été transcrites en suivant l'ordre du texte : d'après J. P. Gumbert et D. Muzerelle, il semblerait que les décharges d'encre observées par J. M. Olivier dans un manuscrit du XIe siècle sont en fait bien postérieures au moment de la copie. P. F. J. Obbema (« Writing on uncut sheets », p. 348–350) fournit cependant un deuxième exemple. Il s'agit d'une feuille imposée pliée en quatre conservée à Gand (Koninklijke Vlamse Academie, sans cote, signalée et reproduite par W. G. Hellinga, *Copy and Print in the Netherlands*, Amsterdam, 1962, p. 163-164 ; Gilissen, n° 8, Samaran, n° 13. Notons que L. Gilissen, *Prolégomènes à la Codicologie*, 115, date ce fragment de 1480 environ, alors que P. F. J. Obbema penche pour une datation plus ancienne, aux alentours de 1400). Puisque le texte transcrit est composé en vers, il est facile d'expliquer la raison d'un écart à la tradition : chaque ligne contenant un vers, il suffit de compter correctement les lignes, et le calibrage du texte ne présente plus aucune difficulté.

La situation est différente lorsqu'il s'agit de textes en prose. D'après P. F. J. Obbema, deux autres fragments auraient été transcrits « côté par côté » : Paris, B. N. lat. 1107 (feuillet de garde ; Gilissen, n° 16) et Paris A. N. AB XIX 1732 (Gilissen, n° 14). Des variations de la densité de l'écriture en fin de page seraient l'indice de l'utilisation d'une séquence d'écriture « non naturelle » (« Writing on uncut sheets », p. 351). En ce qui concerne le premier manuscrit, nous avons abouti à la conclusion opposée, en nous fondant sur le déroulement du travail de rubrication (p. 182-183) et, également, sur l'aspect des pliures de la feuille imposée (cf. p. 186), peu compatible avec une transcription « côté par côté ».

En fait, des indices tels que le tassement ou l'étirement des lignes d'écriture en fin de page, prouvent tout au plus le souci de reproduire le modèle page par page. Mais ce souci n'implique nullement l'adoption d'une séquence « non naturelle », même si cette seconde éventualité implique bien la première. Il n'est donc pas impossible qu'un copiste adopte la séquence naturelle tout en reproduisant page par page son modèle.

43. p. 191, note 109.

P. F. J. Obbema a récemment consacré quelques pages à l'auteur de ces notes : Jean Brulelou (« Johannes Brito alias Brulelou », in *Mélanges Hellinga*, Amsterdam, 1980, p. 358-362), et retient lui aussi l'hypothèse selon laquelle les livres mentionnés seraient bien des éditions imprimées.

DIM

44. p. 218 « *proportion invariante* »

Comme nous l'apprend D. Muzerelle, cette proportion est également appelée « proportion de Carnot ».

45. p. 222 « Enfin, la conduite... *unités codicologiques indépendantes.* »

Nous n'avons pas défini ce que nous entendions par « unité codicologique » du fait que nous étions de toute manière tributaires des différentes options — d'ailleurs toujours implicites — prises par les rédacteurs des catalogues dépouillés. Il faut néanmoins souligner que ce problème est loin d'être résolu : il n'existe pas encore de définition faisant l'unanimité, ni, *a fortiori*, de critères permettant de résoudre de manière univoque les cas ambigus.

46. p. 228-236 « I.7. FIABILITÉ DES DONNÉES ».

Nous avons repris cette problématique, à un niveau plus général, dans un article intitulé « Pour une codicologie expérimentale », à paraître dans la revue *Scrittura e Civiltà*.

47. p. 232 « *3. Indépendance des unités codicologiques* »

Ces considérations visaient à mettre en évidence la faible fréquence de ce type de perturbation dans notre corpus ; il faut leur ajouter quelques précisions concernant la nature et les conséquences éventuelles du risque encouru du fait de ces perturbations. Il s'agit en fait d'un double danger : celui de comptabiliser plusieurs fois la même unité fractionnée en plusieurs volumes dispersés, et celui de comptabiliser une seule fois plusieurs unités différentes reliées ensemble.

Les deux dangers nous paraissent en définitive négligeables. En ce qui concerne le premier, il est évident que les unités fractionnées dont les éléments auraient été dispersés, conservés, mais non identifiés, sont très peu nombreuses par rapport à la totalité des manuscrits étudiés. Cependant, même s'il n'en était pas ainsi, les perturbations introduites seraient peu importantes : pour déformer les courbes de production établies, il faudrait, de plus, que la distribution chronologique des volumes formant série ne soit pas du tout uniforme, ce qui ne semble pas être le cas ; et pour dénaturer les résultats de l'enquête sur les dimensions des feuillets, il faudrait, pareillement, que les dimensions de ces volumes soient fortement atypiques par rapport à celles du reste de la population.

En ce qui concerne le deuxième danger, il convient avant tout de souligner que des erreurs ne seront introduites que si les unités reliées ensemble datent toutes du même siècle car, dans le cas contraire, les différences de date ont été relevées dans le catalogue et nous avons pu agir en conséquence.

Si les éléments datent tous du même siècle, le fait de les comptabiliser une seule fois entraînera une perte d'information ; mais là encore, les perturbations introduites dans les courbes de production ne seront importantes que si la distribution chronologique des recueils factices n'est pas uniforme. Quant à l'enquête sur les dimensions des feuillets, elle n'en sera nullement affectée, à condition toutefois que les dimensions fournies soient bien celles de l'un au moins des éléments reliés.

48. p. 252, note 60.

A ces renseignements bibliographiques, il convient d'ajouter le récent article de J. P. Gumbert : « The size of manuscripts. Some statistics ans notes », in *Mélanges Hellinga*, p. 277–288. Par ailleurs, A. Derolez prépare une étude consacrée aux manuscrits italiens en écriture humanistique, qui traitera également des dimensions des feuillets.

49. p. 256–257 « Il est évident... d'éléments étrangers. »

C. Federici, chercheur à l'Istituto Centrale per la Patologia del Libro de Rome, nous a fait part de ses recherches sur l'identification des espèces animales dont la peau a été employée dans la fabrication du parchemin ; identification que rendrait possible leur examen au microscope dans certaines conditions.

En ce qui concerne les repères matériels permettant d'identifier le type de pliage adopté dans la fabrication des manuscrits en parchemin, D. Muzerelle nous suggère un indice jusqu'à présent négligé : la présence et la position d'une bande plus foncée correspondant à l'échine de l'animal. Dans les in-folio cette bande, horizontale, est située au milieu du feuillet. Dans les in-4° cet élément est plus difficile à repérer, dans la mesure où il coïncide avec le pli du diplôme.

50. p. 277–279 « Enfin, une distorsion supplémentaire... être approfondie. »

En réalité, pour expliquer le léger décalage observé dans les manuscrits sur papier entre les dimensions des volumes en vulgaire et celles des volumes en latin, trois hypothèses demeurent en concurrence :

1. Choix systématique d'un papier de qualité supérieure dont les dimensions seraient légèrement plus petites.
2. Rognage fréquent ou plus important au moment de la fabrication.
3. Rognage plus fréquent ou plus important lors des opérations de reliure effectuées par la suite.

Les trois hypothèses pourraient être départagées à l'aide de l'« expérience » suivante – difficile, il est vrai, à mettre en œuvre : il faudrait, avant tout, identifier les filigranes apparaissant dans les manuscrits des deux échantillons et relever les dimensions des feuilles correspondantes lorsqu'elles sont fournies par les répertoires spécialisés. Si les dimensions relevées se révélaient statistiquement différentes dans les deux échantillons, la première hypothèse devrait être retenue et, dans le cas contraire, rejetée. Dans cette deuxième éventualité, les deux autres hypothèses pourraient être départagées en calculant, dans deux échantillons de manuscrits sur papier en latin et en vulgaire qui auraient conservé une reliure ancienne, la dispersion des dimensions des feuillets à l'intérieur de chaque volume. Si la dispersion était la même dans les deux échantillons, la deuxième hypothèse devrait être rejetée ; sinon, il faudrait rejeter la troisième.

51. p. 305 « Nous avons voulu tester... une sélection plus sévère. »

La portée du premier argument avancé pour justifier l'introduction, dans la population des diocèses, de manuscrits d'origine non connue, doit être quelque peu nuancée. En effet, le taux de permanence *in loco* de 97 % se rapporte aux manuscrits localisables ; il est donc nécessairement moindre pour la totalité des manuscrits du XIIe siècle conservés dans une région donnée. De plus, ce taux n'a été calculé que pour l'Est de la France. Cependant, même ainsi atténué, l'argument conserve une partie de sa valeur : il est indéniable, en effet, que la mobilité des manuscrits à l'époque de la production monastique était très limitée.

52. p. 318–330 « II.4. LA DISPOSITION DU TEXTE »

Il va de soi qu'ici l'enquête vise uniquement à identifier les facteurs qui sont directement responsables du choix de la disposition à longues lignes ou à deux colonnes dans un manuscrit donné, ainsi que de l'évolution de ce paramètre au cours des siècles. Elle ne constitue donc qu'une introduction limitée à une enquête exhaustive sur la mise en page dans le livre médiéval qui étudierait tous les facteurs – internes et externes, en amont et en aval – dont dépend en définitive la présentation du texte. Nous avons déjà fait état d'une recherche en cours sur ce sujet (cf. plus haut, n° 5).

LISTE DES OUVRAGES CONSULTÉS

1. J. J. G. Alexander, *Norman Illumination at Mont-St-Michel 966-1100*, London, 1970.
2. F. Autrand, « Les librairies des gens du Parlement au temps de Charles VI », *Annales*, n° 5, sept. - oct. 1975, p. 1219-44.
3. G. d'Avenel, *Histoire économique de la propriété, des salaires et tous les prix en général depuis l'an 1200 jusqu'en l'an 1800*, 7 vol., rééd., New York, 1969.
4. F. Avril, *La décoration des manuscrits dans les abbayes bénédictines de Normandie aux XIe et XIIe siècles*, thèse inédite de l'École des Chartes, 1963.
5. H. E. Bell, « The Price of Books in Medieval England », *The Library*, 4e série, (1936-37), p. 312-32.
6. Bénédictins du Bouveret, *Colophons de manuscrits occidentaux des origines au XVIe siècle*, Fribourg, 1965 →.
7. S. Berger, *De l'histoire de la Vulgate en France*, Paris, 1887.
8. Bibliothèque Nationale. *Catalogus codicum hagiographicorum latinorum antiquiorum saeculo XVI qui asservantur in Bibliotheca nationali parisiensi*, ediderunt hagiographi Bollandiani, 4 vol., Paris - Bruxelles, 1889-1893.
9. Bibliothèque Nationale. *Catalogue général des manuscrits latins*, Paris, 1939 →.
10. A. Blum, *Les origines du papier, de l'imprimerie et de la gravure*, Paris, 1935.
11. F. Bon, *Les sondages peuvent-ils se tromper ?*, Paris, 1974.
12. C. Bozzolo, *Manuscrits des traductions françaises d'œuvres de Boccace, XVe siècle*, Padova, 1973.
13. H. Bresc, *Livre et société en Sicile (1299-1499)*, Palermo, 1971.
14. Ch. M. Briquet, *Les filigranes. Dictionnaire historique des marques du papier dès leur apparition vers 1282 jusqu'en 1600*, 4 vol., Paris, 1907.
15. C. F. Bühler, *The Fifteenth-century Book : The Scribes, the Printers, the Decorators*, Philadelphia, 1960.
16. G. de Bure, *Catalogue des livres de la Bibliothèque de feu M. le duc de La Vallière*, 6 vol., Paris, 1783.
17. J. Carnandet, « Bibliothèques de deux chanoines de Langres au XIVe siècle », *Bulletin du Bibliophile*, 13e série (1857), p. 470-77.
18. R. Cazelles, *Nouvelle histoire de Paris : De la fin du règne de Philippe Auguste à la mort de Charles V (1223-1380)*, Paris, 1972.
19. *Catalogue général des manuscrits des bibliothèques publiques de France*, série in-8°, t. I-XLVIII.
20. A. Chereau, *La bibliothèque d'un médecin au commencement du XVe siècle*, Paris, 1864.
21. *Chronique du Religieux de Saint-Denys, contenant le règne de Charles VI, de 1380 à 1422*, éd. L. Bellaguet, 6 vol., Paris, 1839-1852.
22. P. Cockshaw, « La famille du copiste David Aubert », *Scriptorium*, XXII (1968), n° 2, p. 279-87.
23. P. Cockshaw, « Mentions d'auteurs, de copistes, d'enlumineurs et de libraires dans les comptes généraux de l'état bourguignon (1384-1419) », *Scriptorium*, XXIII (1969), n° 1, p. 122-44.
24. L. H. Cottineau, *Répertoire topo-bibliographique des abbayes et prieurés*, 3 vol., Mâcon, 1939-1970.
25. É. Coyecque, *Notice sur l'ancien collège des Dix-huit (1180-1529)*, Paris, 1888.

26. R. Delachenal, *La bibliothèque d'un avocat du XIVe siècle, inventaire estimatif des livres de Robert Le Coq*, Paris, 1897.
27. L. Delisle, *Le Cabinet des manuscrits de la Bibliothèque Nationale*, 3 vol., Paris, 1868-1881.
28. L. Delisle, *Inventaire général et méthodique des manuscrits français de la Bibliothèque Nationale*, 2 vol., Paris, 1876-1878.
29. L. Delisle, *Recherches sur la librairie de Charles V, roi de France, 1337-1380*, rééd., 2 vol., Amsterdam, 1967.
30. A. Derolez, *Corpus catalogorum Belgii... I, Provincie West-Vlanderen*, Bruxelles, 1966.
31. P. Deschamps, *Essai bibliographique sur Cicéron*, Paris, 1863.
32. J. Destrez, *La Pecia dans les manuscrits universitaires du XIIIe et du XIVe siècle*, Paris, 1935.
33. J. Destrez - M. D. Chenu, « *Exemplaria* universitaires des XIIIe et XIVe siècles », *Scriptorium*, VII (1953), n° 1, p. 68-80.
34. R. Doucet, *Les bibliothèques parisiennes au XVIe siècle*, Paris, 1956.
35. L. Douët d'Arcq, *Comptes de l'Hôtel des rois de France aux XIVe et XVe siècles*, Paris, 1865.
36. L. Douët d'Arcq, *Inventaire de la bibliothèque du roi Charles VI, faite au Louvre en 1423, par ordre du Régent duc de Bedford*, Paris, 1867.
37. G. Doutrepont, *La littérature française à la cour des ducs de Bourgogne*, rééd., Genève, 1970.
38. A. I. Doyle, « Further Observations on Durham Cathedral MS. A.IV.34 », in *Varia codicologica, Essays presented to G. I. Lieftinck*, I, Amsterdam, 1972, p. 35-47.
39. A.I. Doyle - M.B. Parkes, « The production of copies of the *Canterbury Tales* and the *Confessio Amantis* in the early fifteenth century », in *Medieval Scribes, Manuscripts and Libraries, Essays presented to N.R. Ker*, London, 1978, p. 163-210.
40. J. Favier, *Finance et fiscalité au bas Moyen Age*, Paris, 1971.
41. J. Favier, *Nouvelle histoire de Paris : Paris au XVe siècle (1380-1500)*, Paris, 1974.
42. L. Febvre - H.J. Martin, *L'apparition du livre*, Paris, 1958.
43. E. Fournial, *Histoire monétaire de l'Occident médiéval*, Paris, 1970.
44. M. Fournier, « Les bibliothèques des collèges de l'Université de Toulouse. Étude sur les moyens de travail mis à la disposition des étudiants au Moyen Age », *Bibliothèque de l'École des Chartes*, LI (1890), p. 443-76.
45. A. Franklin, *Les anciennes bibliothèques de Paris*, 3 vol., Paris, 1867-1873.
46. L. Frati, « Indice dei codici latini conservati nella Real Biblioteca universitaria di Bologna », *Studi Italiani di Filologia Classica*, XVI (1908), p. 103-432.
47. A. Galante, « Index codicum classicorum latinorum qui Florentiae in Bybliotheca Magliabecchiana adservantur, pars I », *Studi Italiani di Filologia Classica*, X (1902), p. 323-58.
48. M. - C. Garand, « Livres de poche médiévaux à Dijon et à Rome », *Scriptorium*, XXV (1971), n° 1, p. 18-24.
49. M. - C. Garand, « Le *Scriptorium* de Guibert de Nogent », *Scriptorium*, XXXI (1977), n° 1, p. 3-29.
50. J. Gautier, « La bibliothèque d'un avocat bisontin », *Académie des Sciences, Belles-Lettres et Arts de Besançon. Procès Verbaux*, XIII (1889), p. 205-206.
51. J. - Ph. Genet, « Essai de bibliométrie médiévale : l'histoire dans les bibliothèques anglaises », extrait de la *Revue Française d'Histoire du Livre*, n° 16, 3e trim. 1977, Bordeaux, 1977.
52. L. Gilissen, « La composition des cahiers, le pliage du parchemin et l'imposition », *Scriptorium*, XXVI (1972), n° 1, p. 3-33.
53. L. Gilissen, « Un élément codicologique trop peu exploité : la réglure », *Scriptorium*, XXIII (1969), n° 1, p. 150-62.
54. L. Gilissen, *Prolégomènes à la codicologie — Recherches sur la constitution des cahiers et la mise en page des manuscrits médiévaux*, Gand, 1977.

55. C. R. Gregory, « Les cahiers des manuscrits grecs », *Comptes rendus des séances de l'Académie des Inscriptions et Belles-Lettres,* séances de juillet-septembre 1885, p. 261-68.
56. N. Grévy-Pons - E. Ornato, « Qui est l'auteur de la chronique latine de Charles VI, dite du Religieux de Saint-Denis ? », *Bibliothèque de l'École des Chartes,* CXXXIV (1976), p. 85-102.
57. G. Hövelmann, « Gaesdonck Ms. 5. Eine unaufgeschnittene Handschrift des 15. Jahrhunderts », *Antiquariat,* 18 (1968), p. 217-22.
58. Institut de Recherche et d'Histoire des Textes. Documentation rassemblée à la section de Codicologie.
59. Institut de Recherche et d'Histoire des Textes. Section de Paléographie. Notices concernant les manuscrits décrits dans les volumes à paraître du *Catalogue des manuscrits datés* pour la France.
60. *Inventari dei manoscritti delle Biblioteche d'Italia, opera fondata dal Prof. Giuseppe Mazzatinti,* t. XXX : *Bologna, Biblioteca comunale dell'Archiginnasio,* a cura di A. Sorbelli, Firenze, 1924.
61. J. Irigoin, *La datation des manuscrits de papier à l'aide des filigranes,* cours polycopié, Paris, 1969.
62. M. R. James, *A Descriptive Catalogue of the Manuscripts in the Library of Peterhouse,* Cambridge, 1899.
63. *Katalog der datierten Handschriften in lateinischer Schrift in Österreich.* Band I : F. Unterkircher, *Die Datierten Handschriften der Österreichischen Nationalbibliotek, von den Anfängen bis 1400,* Wien, 1969. Band II : *von 1401 bis 1450,* Wien, 1971. Band III : *von 1451 bis 1500,* Wien, 1974.
64. N. R. Ker, *Medieval Libraries of Great Britain : A List of Surviving Books,* 2e éd., London, 1964.
65. N. R. Ker, *Medieval Manuscripts in British Libraries,* 2 vol., Oxford, 1969-1977.
66. P. de Laborde, *Les ducs de Bourgogne. Etude sur les lettres, les arts et l'industrie pendant le XVe siècle,* t. II : *Preuves,* Paris, 1851.
67. A. de La Mare, « The Shop of a Florentine « cartolaio » in 1426 », in *Studi offerti a R. Ridolfi,* Firenze, 1973, p. 237-48.
68. L. Le Clert, *Le papier : Recherches et notes pour servir à l'histoire du papier, principalement à Troyes et aux environs, depuis le XIVe siècle,* Paris, 1926.
69. E. Le Roy Ladurie, « Les masses profondes : La paysannerie », in *Histoire économique et sociale de la France (1450-1660),* I/2, 1977, p. 483-865.
70. H. de L'Estrange, *Inventaire et vente des biens meubles de Guillaume de L'Estrange, archevêque de Rouen, nonce du pape Grégoire XI et ambassadeur du roi Charles V, mort en 1389,* Paris, 1888.
71. L. Lex, « Inventaire des biens meubles et immeubles de Jean Lemaigre, curé de Pont-Sainte-Marie près Troyes en 1376 », *Revue de Champagne et de Brie,* XI (1881), p. 313-23.
72. G. I. Lieftinck, « Mediaeval Manuscripts with « Imposed » Sheets », *Het Boek,* 3e série, XXXIV (1951), p. 210-20.
73. F. Lot - R. Fawtier, *Histoire des institutions françaises au Moyen Age,* t. II : *Institutions royales,* Paris, 1958.
74. E. A. Lowe, *Codices latini antiquiores,* 10 vol., Oxford, 1934-1963.
75. F. Madan, H. H. E. Craster, R. W. Hunt, P. D. Record, *Summary Catalogue of Western Manuscripts in the Bodleian Library,* 8 vol., Oxford, 1922-1953.
76. A. Mancini, « Index codicum latinorum publicae bibliothecae Lucensis », *Studi Italiani di Filologia Classica,* VIII (1900), p. 1-15.
77. N. Mann, « La fortune de Pétrarque en France : Recherches sur le *De Remediis* », *Studi francesi,* XXXVII (1969), p. 1-15.
78. H. Martin, *Catalogue des manuscrits de la bibliothèque de l'Arsenal,* 8 vol., Paris, 1885-1899.
79. F. Masai - M. Wittek, *Manuscrits datés conservés en Belgique,* Bruxelles, 1968 → .

80. Jean de Montreuil, *Opera. - Volume I - Parte prima : Epistolario*, éd. E. Ornato, Torino, 1963.
81. Ch. Mortet, *Le format des livres – Notions pratiques suivies de recherches historiques*, Paris, 1925.
82. R. A. B. Mynors, *Catalogue of the Manuscripts of Balliol College Oxford*, Oxford, 1963.
83. J. M. Olivier, « Décharges d'encre et étapes de la composition d'un manuscrit », in *La paléographie grecque et byzantine*, Colloque tenu à Paris en 1974, Paris, 1977, p. 61-91.
84. H. Omont, « Inventaire de la bibliothèque de Jean de Neufchatel », *Bulletin de la Société d'Histoire de Paris*, XVI (1889), p. 168-69.
85. H. Omont, « Inventaire des livres de Jean Courtecuisse, évêque de Paris et de Genève, 27 octobre 1423 », *Bibliothèque de l'École des Chartes*, LXXX (1919), p. 109-120.
86. H. Omont, *Recherches sur la bibliothèque de l'Église cathédrale de Beauvais*, Paris, 1914.
87. *Ordonnances des rois de France de la troisième race*, 22 vol., Paris, 1723-1849, t. XVI.
88. G. Ouy, « Le songe et les ambitions d'un jeune humaniste parisien vers 1395 (Une épître latine inconnue de Jean Lebègue à Pierre l'Orfèvre, chancelier de Louis d'Orléans, lui demandant la main de sa fille Catherine. Ms Paris, B.N. lat. 10400, f. 30-35) », in *Miscellanea di studi e ricerche sul Quattrocento francese*, a cura di F. Simone, Torino, 1967, p. 357-407.
89. P. Pansier, *Histoire du livre et de l'imprimerie à Avignon du XIVe au XVe siècle*, rééd., 3 vol. réunis en un seul, Nieuwkoop, 1966.
90. G. Peignot, *Catalogue d'une partie des livres composant la bibliothèque des ducs de Bourgogne*, Dijon, 1841.
91. M. Pellechet - L. Polain, *Catalogue général des incunables des bibliothèques publiques de France*, 3 vol., Paris, 1897-1909.
92. É. Pellegrin, « La bibliothèque de l'ancien collège de Dormans-Beauvais à Paris », extrait du *Bulletin Philosophique et Historique*, 1944-1945, Paris, 1947.
93. É. Pellegrin, « La bibliothèque du collège de Fortet au XVe siècle », in *Mélanges dédiés à la mémoire de Félix Grat*, Paris, 1949, t. II, p. 311-16.
94. G. Pollard, « Notes on the Size of the Sheet », *The Library*, 4e série, XXII (1941), p. 105-137.
95. G. Pollard, « The *pecia* system in the medieval universities », in *Medieval Scribes, Manuscripts and Libraries, Essays presented to N.R. Ker*, edited by M. B. Parkes and A. G. Watson, London, 1978, p. 145-61.
96. E. K. Rand - G. Howe, « The Vatican Livy and the script of Tours », *Memoirs of the American Academy in Rome*, I (1917), p. 19-54.
97. H. Rashdall, *The Universities of Europe in the Middle Ages*, nouv. éd. revue par F. M. Powicke et A. B. Emden, 3 vol., Oxford, 1936.
98. S. Rizzo, *Il lessico filologico degli umanisti*, Roma, 1973.
99. R. H. Rouse, « The Early Library of the Sorbonne », *Scriptorium*, XXI (1967), p. 42-71 et 227-51.
100. Coluccio Salutati, *Epistolario*, éd. F. Novati, 4 vol., Roma, 1891-1911.
101. Ch. Samaran, « Communication sans titre à la Société nationale des Antiquaires de France », *Bulletin de la Société nationale des Antiquaires de France*, 1928, p. 202.
102. Ch. Samaran, « Études sandionysiennes », extrait de la *Bibliothèque de l'École des Chartes*, CIV (1943), Paris, 1944.
103. Ch. Samaran, « Manuscrits « imposés » à la manière typographique », in *Mélanges à la mémoire de F. R. Martroye*, Paris, 1940, p. 325-36.
104. Ch. Samaran, « Manuscrits « imposés » et manuscrits non coupés - Un nouvel exemple », *Codices manuscripti*, II (1976), n° 2, p. 38-42.
105. Ch. Samaran - R. Marichal, *Catalogue des manuscrits en écriture latine portant des indications de date, de lieu ou de copiste :*

— T. I : *Musée Condé et Bibliothèques parisiennes*, Paris, 1959.
— T. II : *Bibliothèque Nationale, fonds latin, n° 1 à 8000*, Paris, 1962.
— T. III : *Bibliothèque Nationale, fonds latin, n° 8001 à 18613*, Paris, 1974.
— T. V : *Est de la France*, Paris, 1965.
— T. VI : *Bourgogne, Centre, Sud-Est et Sud-Ouest de la France*, Paris, 1968.

106. E. A. Savage, *Old English Libraries : The Making, Collection and Use of Books during the Middle Ages*, London, 1911.

107. W. L. Schramm, « The Cost of Books in Chaucer's Time », *Modern Language Notes*, XLVIII (1933), p. 139-45.

108. P. Tarbes, *Inventaire après décès de Richard Picque, archevêque de Reims (1389)*, Reims, 1842.

109. J. Tardif, « La bibliothèque d'un official à la fin du XIVe siècle, d'après l'inventaire dressé après le décès du chanoine Guillaume de Vriges, official de Nevers en 1382 », *Nouvelle Revue d'Histoire de Droit Français et Étranger*, XXXII (1898), p. 657-60.

110. N. Terzaghi, « Index codicum latinorum classicorum qui Senis in bybliotheca publica adservantur », *Studi Italiani di Filologia Classica*, XI (1903), p. 401-31.

111. A. Tessereau, *Histoire chronologique de la grande Chancellerie de France*, Paris, 1676.

112. J. Thomas, « Une étape vers le procédé d'imposition ? (Ms Arsenal 2990) », *Scriptorium*, XXII (1958), n° 2, p. 254-59.

113. A. Tuetey, *Journal de Clément de Fauquemberge, greffier au Parlement de Paris (1417-1435)*, t. III, Paris, 1895.

114. A. Tuetey, *Journal de Nicolas de Baye, greffier du Parlement de Paris, 1400-1417*, 2 vol., Paris, 1885-1888, t. I.

115. E. G. Turner, *The typology of the Early Codex*, Philadelphia, 1977.

116. Ch. Turot, *L'organisation de l'enseignement dans l'Université de Paris au*

117. J. Vezin, « La réalisation matérielle des manuscrits latins pendant le haut Moyen Age », in *Codicologica*, t. II : *Éléments pour une codicologie comparée*, Leyde, 1978, p. 15-51.

118. J. Vezin, *Les « scriptoria » d'Angers au XIe siècle*, Paris, 1974.

119. J. Veyrin-Forrer, « Les premiers ateliers typographiques parisiens. Quelques aspects techniques », in *Villes d'imprimerie et moulins à papier du XIVe au XVIe siècle. Aspects économiques et sociaux*, Bruxelles, 1976, p. 317-35.

120. B. M. von Scarpatetti, *Katalog der datierten Handschriften in der Schweiz in lateinischer Schrift vom Anfang des Mittelalters bis 1550*, t. I : *Die Handschriften der Bibliotheken von Aarau, Appenzell und Basel*, Zürich, 1977.

121. W. Wattenbach, *Das Schriftwesen im Mittelalter*, rééd. de la 3e éd., Graz, 1958.

*
* *

122. C. Bianca, « La biblioteca latina del Bessarione », in *Scrittura, biblioteche e stampa a Roma nel Quattrocento. Aspetti e problemi*, Atti del Seminario 1—2 giugno 1979, 2 vol., Città del Vaticano, 1980, I, p. 103—165.

123. C. Bozzolo — E. Ornato, «Les fluctuations de la production manuscrite à la lumière de l'histoire de la fin du Moyen Age français », *Bulletin Philologique et Historique (jusqu'à 1610) du Comité des Travaux historiques et scientifiques*, année 1979, paru en 1981, p. 51—75.

124. K. Burger, *The Printers and Publishers of the XV. Century with Lists of their Works. Index to the supplement to Hain's Repertorium bibliographicum, etc.*, 1902, réimpr. Milan, 1950.

125. *Catalogue of Books printed in the XVth century now in the British Museum*, 10 vol., London, 1908–1971.
126. G. Dupont-Ferrier, « Jean d'Orléans, comte d'Angoulême, d'après sa bibliothèque (1467) » in *Mélanges d'histoire du Moyen âge publiés sous la direction de M. le professeur Luchaire*, Paris, 1897, p. 39–92.
127. G. Eis, *Vom Werden altdeutscher Dichtung. Literarhistorische Proportionen*, Berlin, 1962.
128. M. J. Elsas, *Umriss einer Geschichte der Preise und Löhne in Deutschland*, Leiden, 1940–1949.
129. A. Franceschini, *Giovanni Aurispa e la sua biblioteca*, Padova, 1976.
130. J. P. Gilmont, « Livre, bibliographie et statistiques », *Revue d'histoire ecclésiastique*, LXV (1970), p. 797–816.
131. J. P. Gilmont, « La diffusion et la conservation des éditions de C. Scribani », *Revue d'histoire de la spiritualité*, 53 (1977), p. 261–274.
132. J. P. Gumbert, *Die Utrechter Kartäuser und ihre Bücher im frühen fünfzehnten Jahrhundert*, Leiden, 1974.
133. J. P. Gumbert, « The size of manuscripts. Some statistics and notes », in *Mélanges Hellinga*, Amsterdam, 1980, p. 277–288.
134. W. G. Hellinga, *Copy and Print in the Netherlands*, Amsterdam, 1962.
135. R. Hirsch, *Printing, Selling and Reading, 1450–1550*, Wiesbaden, 1967.
136. H. J. Koppitz, « Fragen der Verbreitung von Handschriften und Frühdrucken im 15. Jahrhundert », in *Buch und Text im 15. Jahrhundert*, Arbeitsgespräch in der Herzog August Bibliothek Wolfenbüttel vom 1. bis 3. Marz 1978, Hamburg, 1981, p. 179–188.
137. V. Leroquais, *Les sacramentaires et les missels manuscrits des bibliothèques publiques de France*, 3 vol., Paris, 1924.
138. P. F. J. Obbema, « Writing on uncut sheets », *Quaerendo*, VIII/4 (1978), p. 337–354.
139. P. F. J. Obbema, « Johannes Brito alias Brulelou », in *Mélanges Hellinga*, Amsterdam, 1980, p. 358–362.
140. J. H. Putnam, *Books and their Makers during the Middle Ages*, 2 vol., 1896–1897, réimpr. New-York, 1962.
141. B. L. Ullman – P. A. Stadter, *The public Library of Renaissance Florence. Niccolò Niccoli, Cosimo de' Medici and the Library of San Marco*, Padova, 1972.
142. G. Voigt, *Il Risorgimento dell'Antichità classica ovvero il primo secolo dell'Umanismo*, trad. italienne, 3 vol., Firenze, 1888–1897.

LISTE DES MANUSCRITS CITÉS

Amiens, *Bibl. Mun. 365,* p. 32, 37, 38, 42, 44.

Amsterdam, *Universiteits Bibl. I. F 51,* p. 158 n. 50.

Arras, *Bibl. Mun. 25,* p. 44.

Bruxelles, *Bibl. Royale Albert 1er :*
2253–73, p. 158 n. 51 ; *2277–81,* p. 169, 173 ; *2382–86,* p. 169 ; *2603–19,* p. 163 n. 57, 212 ; *2620–34,* p. 203 ; *2766–70,* p. 153, 205 ; *4369–70,* p. 203 ; *5122–26,* p. 169, 205 ; *5612,* p. 169, 179, 194 n. 121 ; *10386,* p. 37 ; *11437–40,* p. 205 ; *11776,* p. 169, 194 ; *11777,* p. 194 ; *11789,* p. 205 ; *11809,* p. 194 ; *11885–93,* p. 203 ; *14042–52,* p. 169 ; *14524–26,* p. 153 ; *14923,* p. 157 n. 48.

Cambrai, *Bibl. Mun. 361,* p. 117 n. 183.

Cambridge, *Peterhouse College :*
88, p. 33 n. 35, 44 ; *110,* p. 33 n. 35, 44 ; *114,* p. 33 n. 35 ; *142,* p. 33 n. 35 ; *154,* p. 33 n. 35 ; *193,* p. 33 n. 35 ; *198,* p. 33 n. 35.

Chartres, *Bibl. Mun. 268,* p. 37.

Durham, *Dean and Chapter Library A. IV. 34,* p. 152 n. 36, 157 n. 48.

Gaesdonck, *Collegium Augustinianum 5,* p. 145 n. 27, 171.

Gent (Gand), *Bibl. der Rijksuniversiteit 543,* Suppl. n° 41.

Gent (Gand), *Koninklijke Vlamse Academie (sans cote),* Suppl. n° 42.

s' Gravenhage (La Haye), *Koninklijke Bibl. 73. E. 14,* p. 186 n. 100.

Leiden, *Bibl. der Rijksuniversiteit :*
B.P.L. 138, p. 191 n. 109 ; *B.P.L. 2564,* p. 158, 161.

Metz, *Bibl. Mun. 193,* p. 37.

Paris, *Archives Nationales AB. XIX. 1732,* p. 182 n. 92, 187 n. 101, Suppl. n° 42.

Paris, *Bibl. de l'Arsenal :*
413, p. 170, 188 n. 103, 205–209 ; *2124,* p. 206 ; *2990,* p. 172, 194 ; *3647,* p. 158.

Paris, *Bibl. Mazarine 3323,* p. 117 n. 180.

Paris, *Bibl. Nationale :*
Fr. *2685,* p. 37 ; *24402,* p. 37, 44.
Lat. *468,* p. 37 ; *1107,* p. 182, 186, Suppl. n° 42 : *2648,* 154, 159–60, 174 n. 76 et n. 78 ; *2690,* p. 162–63, 169, 189, 194 ; *2959,* p. 158, 174 n. 78 ; *3268,* p. 159, 205 ; *3459 A,* p. 203, 204 ; *3463,* p. 169, 194 n. 21, 203–204 ; *3501,* p. 165–68, 169, 179, 181, 194 n. 121, 204 ; *3528,* p. 150 n. 31, 163 n. 57, 165 n. 59, 169, 179, 181, 182, 187, 189, 203, 209–12 ; *3597,* p. 174 n. 78 ; *3622,* p. 174 n. 78 ; *3628,* p. 152 n. 36, 153, 205 ; *3991,* p. 196 n. 127 ; *4084,* p. 196 n. 127 ; *5724,* p. 117 n. 181 ; *6112,* p. 205 ; *7769,* p. 171, 173 ; *11720,* p. 196 n. 127 ; *13062,* p. 70 n. 100, 108 n. 161 ; *15840,* p. 113 n. 172, 114 n. 173.

Perpignan, *Bibl. Mun. 119,* p. 44.

Reims, *Bibl. Mun. :*
628, p. 71 n. 101 ; *768,* p. 71 n. 103.

Semur, *Bibl. Mun. 34,* p. 44.

Utrecht, *Bibl. der Rijksuniversiteit 629,* Suppl. n° 38.

Città del Vaticano, *Bibl. Apost. Vat. Reg. lat. 733 A,* p. 70 n. 100.

LISTE DES TABLEAUX

PROD

		Page
TABLEAU A	- Prix moyen d'estimation des livres dans un certain nombre de bibliothèques françaises, tant collectives que privées, aux XIVe et XVe siècles	23
TABLEAU B	- Mentions de prix du parchemin en France entre 1367 et 1401	31
TABLEAU C	- Le prix du papier en France entre 1342 et 1502 ; rapport avec le prix du parchemin	35
TABLEAU C'	- Évolution du prix du papier dans l'Orléanais entre 1391 et 1502	36
TABLEAU D	- Mentions de prix payés à des copistes français entre la fin du XIIIe siècle et le milieu du XVe	37
TABLEAU D'	- Mentions de prix payés en France pour la copie d'un cahier	39
TABLEAU E	- Corrélation entre les dimensions des feuillets et le rapport prix de la copie/prix de la matière	44
TABLEAU F	- Répartition par siècles de la production biblique, patristique, théologique, hagiographique en latin et en parchemin d'origine française (totalité B.P.T.H. et Bibles seules)	53
TABLEAU F'	- Répartition par siècles de la production B.P.T.H. en latin et en parchemin d'origine française au sein d'un certain nombre de bibliothèques françaises actuelles	55
TABLEAU G	- Répartition par siècles de la production B.P.T.H. en latin et en parchemin d'origine française dans l'ensemble formé par les bibliothèques de Cambrai, Reims, Rouen et Tours	56
TABLEAU H	- Pourcentage des différents types de support matériel dans un certain nombre de bibliothèques françaises actuelles (production B.P.T.H. en latin seule)	57
TABLEAU I	- Répartition par siècles de la production B.P.T.H. en latin d'origine française (parchemin seul ; parchemin + papier)	58
TABLEAU J	- Pourcentage, siècle par siècle, dans les bibliothèques de Cambrai, Reims Rouen et Tours, de la production B.P.T.H. sur l'ensemble de la production en latin d'origine française	58

TABLEAU K	- Répartition par siècles de toute la production en latin d'origine française (première méthode d'estimation)................	59
TABLEAU L	- Répartition par siècles de toute la production en latin d'origine française (deuxième méthode d'estimation)................	60
TABLEAU M	- Répartition par quarts de siècle d'un échantillon de manuscrits d'origine française datés des XIVe et XVe siècles............	61
TABLEAU N	- Répartition par siècles des manuscrits en langue française conservés à la Bibliothèque Nationale de Paris et à la bibliothèque de l'Arsenal	62
TABLEAU O	- Répartition par siècles de toute la production française sans distinction de langue (d'après les tableaux K et L)............	64
TABLEAU P	- Pourcentage des différents types de support matériel dans les manuscrits d'origine française de quelques bibliothèques françaises actuelles.	65
TABLEAU Q	- Pourcentage des différents types de support matériel dans les manuscrits d'origine française de quelques bibliothèques françaises actuelles (manuscrits liturgiques exclus).....................	65
TABLEAU R	- Pourcentage des différents types de support matériel dans un échantillon de manuscrits d'origine française datés du XVe siècle (répartition par quarts de siècle).....................	66
TABLEAU R'	- Pourcentage des différents types de support matériel dans des échantillons de manuscrits d'origine belge et germanique datés du XIVe et du XVe siècles (répartition par quarts de siècle)............	67
TABLEAU S	- Pourcentage des différents types de support matériel dans les manuscrits ayant appartenu à un certain nombre de bibliophiles français du XVe siècle..................	71
TABLEAU X	- Modèle d'estimation de la production potentielle de manuscrits en France dans le dernier quart du XVe siècle............	101
TABLEAU Y	- Évolution, au cours du XVe siècle, de la production française du *De remediis* de Pétrarque, des traductions françaises du *De casibus* de Boccace, des discours de Cicéron............	106
TABLEAU Z	- Écart entre les prix d'achat et de revente pour certains volumes de la bibliothèque de Jean de Berry................	112
TABLEAU AA	- Répartition par siècles d'un échantillon de manuscrits ayant fait l'objet d'une transaction commerciale en France aux XIVe et XVe siècles...	115
TABLEAU AB	- Florence, bibliothèque de San Marco : survie des manuscrits en fonction de leur richesse et de leurs dimensions............	376

CAH

TABLEAU a	- Pourcentage des différents types de cahier dans un échantillon de manuscrits sur papier d'origine française du XVe siècle........	131
TABLEAU b	- Pourcentage des différents types de cahier dans quatre échantillons de livres d'origine française (manuscrits en parchemin des XIIIe, XIVe et XVe siècles ; incunables).................	132
TABLEAU c	- Typologie des systèmes de signatures et de réclames apparaissant dans un feuillet sur deux.................	169
TABLEAU d	- Dénombrement des manipulations nécessaires pour transcrire un quaternion suivant les différentes présentations du support matériel....	178

TABLEAU I	- Sommets de la distribution de L + H dans les manuscrits en parchemin d'origine française du XIe au XVe siècle	257
TABLEAU II	- Moyenne de L/H du IXe au XVe siècle dans deux sous-populations de manuscrits en parchemin d'origine française (L + H resp. $<$ et $>$ 503 mm)	259
TABLEAU III	- Évolution de la moyenne et de la variance de L + H dans les manuscrits en parchemin d'origine française du IXe au XVe siècle .	265
TABLEAU IV	- Évolution de la moyenne de L + H dans les Bibles latines exécutées en France entre le IXe et le XVe siècle	265
TABLEAU V	- Répartition des manuscrits en parchemin d'origine française à l'intérieur de classes dimensionnelles préalablement définies (IXe-XVe siècle)............................	268
TABLEAU VI	- Moyenne, pour chaque type de pliage, de L et de H dans un échantillon de manuscrits datés sur papier d'origine française	270
TABLEAU VII	- Moyenne, pour chaque type de pliage, de L et de H dans un échantillon de manuscrits sur papier d'origine française, datés ou non datés	270
TABLEAU VIII	- Dimensions moyennes des feuillets pour chaque type de pliage, observées dans des échantillons de manuscrits sur papier d'origine italienne, suisse, belge et néerlandaise, germanique	271
TABLEAU IX	- Dimensions moyennes des feuillets, pour chaque type de pliage, dans la population résultant de la réunion des échantillons précédents	271
TABLEAU X	- Évolution, entre 1350 et 1499, de la taille des feuilles de papier en France, Italie et Suisse	276
TABLEAU XI	- Corrélation, dans un certain nombre de pays, entre les dimensions des feuilles de papier en circulation et celles des manuscrits....	280
TABLEAU XII	- Corrélation entre les dimensions des feuilles de papier circulant en France et celles des manuscrits d'origine française (1350-1499)	280
TABLEAU XIII	- Évolution de la moyenne et de la variance de L/H dans les manuscrits d'origine française en parchemin du IXe au XVe siècle	287
TABLEAU XIV	- Moyenne et variance de L/H dans un certain nombre de *scriptoria* français aux IXe et Xe siècles	297
TABLEAU XV	- Moyenne et variance de L/H dans un certain nombre de *scriptoria* français au XIe siècle......................	301
TABLEAU XVI	- Moyenne et variance de L/H dans un certain nombre de *scriptoria* français au XIIe siècle	304
TABLEAU XVII	- Répartition de la moyenne de L/H de part et d'autre de la valeur 0,690 dans les manuscrits provenant des diocèses de la France du Nord (XIIe siècle).........................	306

TABLEAU XVIII	- Moyenne et variance de L/H dans divers groupes de manuscrits d'origine parisienne du XIIIe siècle	308
TABLEAU XIX	- Moyenne, pour chaque type de pliage, de L/H dans des échantillons de manuscrits sur papier d'origine italienne, suisse, belge et néerlandaise, germanique	312
TABLEAU XX	- Pourcentage de feuilles et de manuscrits sur papier « réguliers » dans ces mêmes pays	313
TABLEAU XXI	- Évolution, entre 1350 et 1499, du pourcentage de feuilles « régulières » dans ces mêmes pays.	315
TABLEAU XXII	- Évolution en France, entre 1410 et 1499, du pourcentage de feuilles et de manuscrits sur papier (in-folio et in-quarto) « réguliers »	316
TABLEAU XXIII	- Évolution en France, entre 1410 et 1499, du pourcentage de feuilles et de manuscrits sur papier in-folio (à longues lignes ; à deux colonnes ; à deux colonnes avec L/H $>$ 0,710) « réguliers ».	317
TABLEAU XXIV	- Évolution, en France, du pourcentage de manuscrits en parchemin à longues lignes et à deux colonnes du IXe au XVe siècle ..	318
TABLEAU XXV	- Moyenne de L + H dans les manuscrits en parchemin d'origine française à longues lignes et à deux colonnes (IXe-XVe siècle) ..	320
TABLEAU XXVI	- Évolution, en France, du pourcentage de manuscrits en parchemin à longues lignes et à deux colonnes, corrigé en fonction de la distribution de L + H	320
TABLEAU XXVII	- Moyenne et écart-type, pour chaque type de pliage, de l'unité de réglure dans des échantillons de manuscrits sur papier d'origine française en latin	323
TABLEAU XXVIII	- Moyenne, pour chaque type de pliage, de l'unité de réglure dans des échantillons de manuscrits sur papier en langue française ...	327

LISTE DES GRAPHIQUES

PROD

Page

GRAPHIQUE T - *Parva libraria* de la Sorbonne : distribution des volumes inventoriés en 1338 et des volumes identifiés par L. Delisle, en fonction de leur prix d'estimation 78

GRAPHIQUE T' - *Parva libraria* de la Sorbonne : pourcentage de volumes identifiés par L. Delisle, en fonction de leur prix d'estimation 78

GRAPHIQUE T" - *Parva libraria* de la Sorbonne : corrélation entre le taux de survie des volumes, regroupés en sections, et le prix d'estimation moyen pour chaque section 374

GRAPHIQUE U - Répartition par siècles de la production de manuscrits d'origine française en latin (cf. Tableau K) 84

GRAPHIQUE V - Répartition par siècles des fondations de monastères français pourvus d'une bibliothèque (IVe - XVe siècle) 86

GRAPHIQUE V' - Répartition par quarts de siècle des fondations de monastères français pourvus d'une bibliothèque (XIe - XIVe siècle) 86

GRAPHIQUE W - Répartition par siècles (IXe - XVe) d'un échantillon de Bibles latines, d'œuvres de Pierre Lombard et de saint Thomas 94

DIM

GRAPHIQUE A - France, XVe siècle, manuscrits sur papier : distribution de L + H . . 333

GRAPHIQUE A' - France, XVe siècle : distribution de L/H dans un échantillon de manuscrits en papier (in-folio, in-quarto) et en parchemin 334

GRAPHIQUE B - France, IXe et Xe siècles, parchemin : distribution de L + H (ensemble des manuscrits ; à longues lignes ; à deux colonnes) . . . 335

GRAPHIQUE B' - France, IXe et Xe siècles, parchemin : distribution de L + H (ensemble des manuscrits ; manuscrits où L/H $<$ ou $>$ 0,707) 335

GRAPHIQUE C - France, IXe et Xe siècles, parchemin : distribution de L/H (ensemble ; longues lignes ; deux colonnes) 336

GRAPHIQUE C' - France, IXe et Xe siècles, parchemin : évolution du pourcentage de manuscrits à longues lignes et de manuscrits étroits en fonction de L + H. 336

GRAPHIQUE D - France, XIe siècle, parchemin : distribution de L + H (ensemble ; longues lignes ; deux colonnes) 337

GRAPHIQUE D' - France, XIe siècle, parchemin : distribution de L + H (ensemble ; L/H < ou > 0,707). 337

GRAPHIQUE E - France, XIe siècle, parchemin : distribution de L/H (ensemble ; longues lignes ; deux colonnes) 338

GRAPHIQUE E' - France, XIe siècle, parchemin : évolution du pourcentage de manuscrits à longues lignes et de manuscrits étroits en fonction de L + H. 338

GRAPHIQUE F - France, XIIe siècle, parchemin : distribution de L + H (ensemble ; longues lignes ; deux colonnes) 339

GRAPHIQUE F' - France, XIIe siècle, parchemin : distribution de L + H (ensemble ; L/H < ou > 0,707). 339

GRAPHIQUE G - France, XIIe siècle, parchemin : distribution de L/H (ensemble ; longues lignes ; deux colonnes) 340

GRAPHIQUE G' - France, XIIe siècle, parchemin : évolution du pourcentage de manuscrits à longues lignes et de manuscrits étroits en fonction de L + H. 340

GRAPHIQUE H - France, XIIIe siècle, parchemin : distribution de L + H (ensemble ; longues lignes ; deux colonnes) 341

GRAPHIQUE H' - France, XIIIe siècle, parchemin : distribution de L + H (ensemble ; L/H < ou > 0,707). 341

GRAPHIQUE I - France, XIIIe siècle, parchemin : distribution de L/H (ensemble ; longues lignes ; deux colonnes) 342

GRAPHIQUE I' - France, XIIIe siècle, parchemin : évolution du pourcentage de manuscrits à longues lignes et de manuscrits étroits en fonction de L + H. 342

GRAPHIQUE J - France, XIVe siècle, parchemin : distribution de L + H (ensemble ; longues lignes ; deux colonnes) 343

GRAPHIQUE J' - France, XIVe siècle, parchemin : distribution de L + H (ensemble ; L/H < ou > 0,707). 343

GRAPHIQUE K - France, XIVe siècle, parchemin : distribution de L/H (ensemble ; longues lignes ; deux colonnes) 344

GRAPHIQUE K' - France, XIVe siècle, parchemin : évolution du pourcentage de manuscrits à longues lignes et de manuscrits étroits en fonction de L + H. 344

GRAPHIQUE L - France, XVe siècle, parchemin : distribution de L + H (ensemble ; longues lignes ; deux colonnes) 345

GRAPHIQUE L' - France, XVe siècle, parchemin : distribution de L + H (ensemble ; L/H < ou > 0,707). 345

GRAPHIQUE M - France, XVe siècle, parchemin : distribution de L/H (ensemble ; longues lignes ; deux colonnes) 346

GRAPHIQUE M' - France, XVe siècle, parchemin : évolution du pourcentage de manuscrits à longues lignes et de manuscrits étroits en fonction de L + H. 346

GRAPHIQUE N - France, parchemin : distribution de L + H, siècle par siècle 347

GRAPHIQUE N' - France, parchemin : distribution de L/H, siècle par siècle 348

GRAPHIQUE O - France, XVe siècle, manuscrits sur papier postérieurs à 1439 : distribution des dimensions des feuilles redépliées dans les manuscrits en latin et en vulgaire. 349

GRAPHIQUE P - Distribution de L/H dans diverses populations (*codices* orientaux en papyrus ; *codices* orientaux en parchemin ; manuscrits d'origine française des IXe et Xe siècles ; manuscrits d'origine française du XVe siècle en parchemin) 350

GRAPHIQUE Q - Distribution de L/H dans un échantillon de manuscrits d'origine française du VIIIe siècle 351

INDEX ANALYTIQUE DES TABLEAUX ET DES GRAPHIQUES

PROD

Coût de fabrication du manuscrit
Parchemin : Tab B, p. 31 – *Papier* : Tab C, p. 35 ; Tab C', p. 36 – *Copie* : Tab D, p. 37 ; Tab D', p. 39 – *Rapport prix copie / prix matière* : Tab E, p. 44.

Fondation des monastères
Gr V, p. 86 ; Gr V', p. 86.

Prix et commerce du manuscrit
Tab A, p. 23 ; Tab Z, p. 112 ; Tab AA, p. 115 – *Corrélation entre la survie et le prix* : Gr T, p. 78 ; Gr T', p. 78 ; Gr T'', p. 374.

Production de manuscrits en France
Totalité : Tab O, p. 64 ; Tab X, p. 101 – *En latin : totalité de la production*, Tab K, p. 59 et Gr U, p. 84 ; Tab L, p. 60 ; Tab M, p. 61 (mss. datés) ; *Bibles*, Tab F, p. 53 ; *B.P.T.H. en parchemin*, Tab F, p. 53 ; Tab F', p. 55 ; Tab G, p. 56 ; *B.P.T.H. tous supports confondus*, Tab H, p. 57 ; Tab I, p. 58 ; Tab J, p. 58 – *En français* : Tab N, p. 62 – *De copies françaises de quelques ouvrages* : Tab Y, p. 106 ; Gr W, p. 94.

Le parchemin et le papier dans la production du manuscrit – *En France* : Tab Q, p. 65 ; Tab R, p. 66 ; Tab S, p. 71 – *Dans d'autres pays* : Tab R', p. 67.

Survie du manuscrit
Tab AB, p. 376 ; Gr T, p. 78 ; Gr T', p. 78 ; Gr T'', p. 374.

CAH

Cahiers, typologie
Tab a, p. 131 ; Tab b, p. 132.

Séquence d'écriture et manipulations du support
Tab d, p. 178.

Signatures et réclames, typologie dans les mss. imposés
Tab c, p. 169.

DIM

Dimensions des feuilles de papier
Taille (L + H) : en France, Tab X, p. 276 ; Tab XII, p. 280 ; Gr O, p. 349 ; *dans d'autres pays*, Tab X, p. 276 ; Tab XI, p. 280 – *Proportion (L/H) : en France*, Tab XXII, p. 316 ; Tab XXIII, p. 317 ; *dans d'autres pays*, Tab XX, p. 313 ; Tab XXI, p. 315.

Dimensions des manuscrits – *Taille (L + H) :*
Parchemin, France – siècle par siècle : Tab I, p. 257 ; Tab II, p. 259 ; Tab III, p. 265 ; Tab IV, p. 265 ; Tab V, p. 268 ; Tab XXV, p. 320 ; Gr N, p. 347 – *IXe et Xe s.* : Gr B, p. 335 ; Gr B', p. 335 ; Gr C', p. 336 – *XIe s.* : Gr D, p. 337 ; Gr D', p. 337 ; Gr E', p. 338 – *XIIe s.* : Gr F, p. 339 ; Gr F', p. 339 ; Gr G', p. 340 – *XIIIe s.* : Gr H, p. 341 ; Gr H', p. 341 ; Gr I', p. 342 – *XIVe s.* : Gr J, p. 343 ; Gr J', p. 343 ; Gr K', p. 344 – *XVe s.* : Gr L, p. 345 ; Gr L', p. 345 ; Gr M', p. 346.
Papier : – *France*, Tab VII, p. 270 ; Tab IX, p. 271 ; Tab XI, p. 280 ; Tab XII, p. 280 ; Tab XXVII, p. 323 ; Tab XXVIII, p. 327 ; Gr A, p. 333 – *autres pays*, Tab VIII, p. 271 ; Tab IX, p. 271 ; Tab XI, p. 280.

Dimensions des manuscrits – *Proportion (L/H) :*
Papyrus (rouleaux et codices) : Gr P, p. 350.
Parchemin, codices orientaux : Gr P, p. 350.
Parchemin, manuscrits français : – *siècle par siècle*, Tab II, p. 259 ; Tab XIII, p. 287 ; Gr N', p. 348 – *VIIIe s.*, Gr Q, p. 351 – *IXe et Xe s.*, Tab XIV, p. 297 (scriptoria) ; Gr B', p. 335 ; Gr C, p. 336 ; Gr C', p. 336 ; Gr P, p. 350 – *XIe s.*, Tab XV, p. 301 (scriptoria) ; Gr D', p. 337 ; Gr E, p. 338 ; Gr E', p. 338 – *XIIe s.*, Tab XVI, p. 304 (scriptoria) ; Tab XVII, p. 306 (diocèses) ; Gr F', p. 339 ; Gr G, p. 340 ; Gr G', p. 340 – *XIIIe s.*, Tab XVIII, p. 308 (Paris) ; Gr H', p. 341 ; Gr I, p. 342 ; Gr I', p. 342 – *XIVe s.*, Gr J', p. 343 ; Gr K, p. 344 ; Gr K', p. 344 – *XVe s.*, Gr A', p. 334 ; Gr L, p. 345 ; Gr M, p. 346 ; Gr M', p. 346 ; Gr P, p. 350.
Papier : – *France*, Tab XXII, p. 316 ; Tab XXIII, p. 317 ; Gr A', p. 334 ; Gr O, p. 349 – *autres pays*, Tab XIX, p. 312 ; Tab XX, p. 313.

Disposition du texte (longues lignes et deux colonnes)
Manuscrits en parchemin : – *siècle par siècle*, Tab XXIV, p. 318 ; Tab XXV, p. 320 ; Tab XXVI, p. 320 ; Tab XXVII, p. 323 ; Tab XXVIII, p. 324 – *IXe et Xe s.*, Gr B, p. 335 ; Gr C, p. 336 ; Gr C', p. 336 – *XIe s.*, Gr D, p. 337 ; Gr E, p. 338 ; Gr E', p. 338 – *XIIe s.*, Gr F, p. 339 ; Gr G, p. 340 ; Gr G', p. 340 – *XIIIe s.*, Gr H, p. 341 ; Gr I, p. 342 ; Gr I', p. 342 – *XIVe s.*, Gr J, p. 343 ; Gr K, p. 344 ; Gr K', p. 344 – *XVe s.*, Gr L, p. 345 ; Gr M, p. 346 ; Gr M', p. 346.

Unité de réglure
Manuscrits sur papier : – *en latin*, Tab XXVII, p. 323 – *en français*, Tab XXVIII, p. 327.

ERRATA POUR LA PREMIÈRE ÉDITION

	Lire :	*Au lieu de*
p. 38, ligne 31	62 « sisternes » 1/2	68 « sisternes » 1/2
p. 86, GRAPHIQUE V, légende	siècle de fondation % de monastères fondés	siècle de fabrication % de manuscrits produits
p. 189, ligne 21	(texte du f. 72r)	(texte du f. 71v)
p. 203, ligne 13	*Bruxelles, B.R. 11885-93*	*Bruxelles, B.R. 11885-97*
p. 204, ligne 12	*B.N. lat. 3459A*	*B.N. lat. 3459*
p. 317, TABLEAU XXIII, dernière colonne	(L/H > 0,710)	(L/H < 0,710)
p. 319, ligne 9	18 %	8 %

TABLE DES MATIÈRES

AVANT-PROPOS	9
LA PRODUCTION DU LIVRE MANUSCRIT EN FRANCE DU NORD	13
I. Problèmes généraux	15
II. Le prix du livre manuscrit aux XIVe et XVe siècles.	19
II.1. Les sources.	19
II.2. Le prix des livres en circulation sur le marché	21
a) Les conversions monétaires	22
b) La valeur moyenne des livres dans les bibliothèques	25
c) Importance du revenu dans la constitution d'une bibliothèque.	28
II.3. Le coût de fabrication d'un manuscrit neuf	30
a) Le prix du parchemin.	31
b) Le prix du papier.	33
c) Le prix de la copie.	37
d) Évaluation par simulation du coût de fabrication d'un manuscrit neuf	40
e) La part des différents constituants dans le coût de fabrication.	43
f) Productivité du travail des copistes	46
g) Accroissement de la productivité grâce à l'imprimerie.	48
III. Facteurs agissant directement sur la production du livre manuscrit ..	49
IV. Estimation de la production du livre manuscrit en France au Moyen Age.	53
IV.1. Estimation de la production « Bible-Patristique-Théologie-Hagiographie » (B. P. T. H.) en latin et en parchemin	53
IV.2. Problèmes d'échantillonage	53
a) Choix d'un échantillon représentatif	54
IV.3. Pourcentage de manuscrits en papier dans la production B. P. T. H. du XVe siècle.	56
IV.4. Répartition par siècles de toute la production B. P. T. H. en latin sans distinction de matière	57
IV.5. Pourcentage, pour chaque siècle, de la production B. P. T. H. sur l'ensemble de la production en latin	58
IV.6. Estimation de toute la production en latin	59
a) L'évolution de la production en latin au cours des XIVe et XVe siècles	60
IV.7. La répartition par siècles de la production en langue française	61
IV.8. La totalité de la production en latin et en français : quelques indications.	62
V. La production en papier et son évolution au XVe siècle.	64
V.1. La part des manuscrits en papier dans la production du XVe siècle	64
V.2. L'évolution de la production en papier au cours du XVe siècle.	66
V.3. L'évolution dans d'autres pays	67

      V.4. Corrélation entre l'évolution de la production en papier
           et le prix de ce dernier 68
      V.5. Résistances à la progression du papier 70

VI. Le taux de survie des manuscrits médiévaux 72
      VI.1. Événements défavorables et circonstances aggravantes. 73
      VI.2. L'intensité de l'effort de conservation 75

VII. Les fluctuations de la production du livre entre le IXe et le XVe siècle
    et leurs causes principales 84
      VII.1. L'essor de la production jusqu'au XIIIe siècle 85
      VII.2. Le contexte démographique, politique et social aux XIVe et
           XVe siècles. 89
      VII.3. La production du livre au XIVe siècle 91
      VII.4. La production du livre manuscrit au XVe siècle. 97
         a) Comparaison entre la production du XVe siècle et celle
           du XIIIe 98
         b) L'évolution de la production latine au cours du XVe siècle ... 103
      VII.5. L'évolution du prix des manuscrits du XIVe au XVe siècle .. 109
      VII.6. Peut-on parler de stagnation culturelle aux XIVe
           et XVe siècle?. 114

VIII. Conclusions 120

LA CONSTITUTION DES CAHIERS DANS LES MANUSCRITS EN PAPIER D'ORIGINE
FRANÇAISE ET LE PROBLÈME DE L'IMPOSITION 123

  I. Échantillons utilisés 128
 II. Quelques caractéristiques des manuscrits examinés 130
      II.1. Dimensions des feuillets 130
      II.2. Typologie des cahiers.......................... 131
      II.3. Homogénéité du filigrane 133
      II.4. Renforcements des cahiers 133

III. La constitution des cahiers dans les manuscrits en papier 133
      III.1. Les cahiers des in-folio 135
         a) Répartition des quatre positions du filigrane dans les
           manuscrits. 135
         b) Tendance à disposer les feuilles dans le même sens. 139
         c) Composition des « mains » de papier 142
      III.2. La constitution des cahiers dans les manuscrits in-4°. 145
         a) Découpage ou pliage des feuilles? 145
         b) L'encartage des feuilles pliées. 147
         c) Le découpage des diplômes 152

IV. La technique de l'imposition dans le livre manuscrit 154
      IV.1. Les manuscrits imposés : leurs caractéristiques et leur part
           dans la production du XVe siècle 156
         a) Critères pour la reconnaissance des manuscrits imposés. 156
         b) Critères pour la reconnaissance des manuscrits non imposés. . 172
      IV.2. Le travail du copiste dans les manuscrits imposés. 175
         a) La séquence d'écriture : quelques considérations générales... 177
         b) La séquence d'écriture dans les manuscrits imposés 179

        c) La séquence naturelle dans les manuscrits imposés :
           une source de complications? 183
        d) L'imposition et le respect de la mise en page du modèle 188
    IV.3. L'origine et la raison d'être de l'imposition dans le livre
        manuscrit. 190
        a) L'imposition et la production en grande série 190
        b) L'imposition : « Qui a commencé, des copistes ou
           des typographes » ? 193
        c) Les premiers développements de l'imposition dans
           les manuscrits : une hypothèse 195

  Appendice 203

LES DIMENSIONS DES FEUILLETS DANS LES MANUSCRITS FRANÇAIS
DU MOYEN ÂGE 215

  I. Problèmes méthodologiques 217
    I.1. Terminologie employée 217
    I.2. Délimitation du champ d'enquête 220
    I.3. Données enregistrées 223
    I.4. Traitement des données 223
    I.5. Sources utilisées 224
    I.6. Rassemblement et rangement des données 226
    I.7. Fiabilité des données 228
    I.8. Perturbations portant sur les dimensions des feuillets 236

  II. Résultats de l'enquête 252
    II.1. La distribution de la taille et de la proportion et la technique
        du pliage 253
        a) Vérification de l'hypothèse du pliage sur les manuscrits
           en papier 254
        b) Vérification de l'hypothèse sur les manuscrits en parchemin . 256
        c) Nouveaux éléments en faveur de l'hypothèse du pliage 262
    II.2. L'évolution de la taille des manuscrits du IXe au XVe siècle . . 265
        a) Caractéristiques dimensionnelles propres au XVe siècle 269
    II.3. La proportion des feuillets dans les manuscrits médiévaux . . . 287
        a) Du IIIe au VIIIe siècle 288
        b) Les manuscrits français en parchemin du IXe au XVe siècle . . 296
        c) La proportion des feuillets dans les manuscrits en papier
           du XVe siècle 310
    II.4. La disposition du texte 318
        a) La disposition du texte et les dimensions des feuillets 319
        b) La disposition du texte et l'unité de réglure 322
        c) La disposition du texte et la proportion des feuillets 326

  Graphiques 333

SUPPLÉMENT

NOTES SUPPLÉMENTAIRES 358

LISTE DES OUVRAGES CONSULTÉS 387

LISTE DES MANUSCRITS CITÉS	393
LISTE DES TABLEAUX	394
LISTE DES GRAPHIQUES	398
INDEX ANALYTIQUE DES TABLEAUX ET DES GRAPHIQUES	401
ERRATA POUR LA PREMIÈRE ÉDITION	403